MÉMOIRE

RELATIF

A LA RÉVISION DE L'ORDONNANCE LOCALE

DU 7 JUIN 1828,

Par F.-E. SICÉ,

CHIRURGIEN DE LA MARINE, MEMBRE DE LA COMMISSION D'AGRICULTURE DE PONDICHÉRY

Prix : 4 Fanons.

PONDICHÉRY

V. GÉRUZET, IMPRIMEUR DU GOUVERNEMENT.

1850.

MÉMOIRE

RELATIF

A LA RÉVISION DE L'ORDONNANCE LOCALE

DU 7 JUIN 1828.

MÉMOIRE

RELATIF

A LA RÉVISION DE L'ORDONNANCE LOCALE

DU 7 JUIN 1828,

PAR F.-E. SICÉ,

AIDE-COMMISSAIRE DE LA MARINE, MEMBRE DE LA COMMISSION D'AGRICULTURE DE PONDICHÉRY

PONDICHÉRY

E.-V. GÉRUZET, IMPRIMEUR DU GOUVERNEMENT.

1850.

AVERTISSEMENT.

Le titre sous lequel je publie ce *Mémoire* peut laisser supposer un cadre beaucoup plus étendu que celui dont je ne devais pas m'écarter. Je vais entrer dans quelques explications à cet égard.

L'ordonnance du 7 juin 1828, *sur le mode de possession des terres et la perception des redevances territoriales, à Pondichéry*, est sans contredit, l'un des actes les plus importants de la législation spéciale qui régit les Établissements français dans l'Inde. Appliquée depuis plus de vingt-deux ans, les conséquences de son exécution sont telles que les relations du Gouvernement avec les contribuables, devenues plus régulières et partant plus profitables à ceux-ci, ont à tout jamais rendu impossibles ces exactions, ces abus, cet arbitraire, qui ne pesèrent que trop longtemps sur la population agricole, grâce à l'ignorance et à la rapacité d'avides fermiers; que le cultivateur hindou, le plus pauvre comme le plus riche, instruit de ses droits en jouit avec sécurité; qu'enfin les revenus territoriaux, quoique le taux en ait été réduit dans une juste proportion, ont cependant subi un accroissement qui permet non-seulement d'augmenter les moyens d'irrigation, indispensables dans l'Inde, pour rendre le sol fertile, mais encore de remédier aux pertes résultant des perturbations atmosphériques malheureusement si fréquentes à Pondichéry.

En appréciant, il y a deux ans, dans une brochure adressée aux électeurs des Établissements français dans l'Inde, les bienfaits de cette ordonnance, voici les lignes par lesquelles je terminais l'analyse que j'ai donnée de ses principales dispositions :

« Enfin, malgré toutes les épreuves auxquelles on s'est toujours obstiné à la soumettre, malgré toutes les attaques dont elle a été l'objet, malgré même le peu de soin que l'on a pris d'en compléter, d'en protéger les dispositions, par des instructions réglementaires reconnues indispensables par l'auteur lui-même, il est de fait, et je suis heureux de pouvoir le constater ici, il est de fait, dis-je, que l'ordonnance du 7 juin 1828, *sur le mode de possession des terres et la perception des redevances territoriales, à Pondichéry,* s'est maintenue intacte, comme le monument le plus beau, le plus impérissable de tous ceux qui ont signalé l'administration sage et éclairée de M. Eugène Desbassayns de Richemont. Or, n'est-il pas pénible de voir des personnes qui ont séjourné dans l'Inde, d'anciens fonctionnaires qui, par leur position étaient à même de mieux s'instruire des choses dont ils veulent se préoccuper si vivement aujourd'hui, user de la publicité pour nous dire *qu'ils ont été les premiers sur la brèche toutes les fois qu'il s'est agi de stygmatiser le système inique et barbare qui régit l'agriculture, à Pondichéry ?* Non-seulement le fait dont ils se targuent me paraît très-contestable, mais fût-il vrai, qu'il ne prouverait rien, selon moi, si ce n'est qu'ils y ont perdu et leur temps et leurs peines. Arrière, donc, implacables démolisseurs ! Allez porter ailleurs votre génie retréci et cette propension à tout détruire dont vous vous faites un triste mérite. Sâchez que l'œuvre colossale défie vos efforts impuissants et que le temps, au lieu de la détruire, la consolidera chaque jour davantage ! »

Cette prédiction dont je doutais moins que tout autre, n'a pas tardé de se réaliser. Le Board des revenus de Madras, convaincu des avantages du système d'agriculture suivi à Pondichéry, vient d'en prescrire l'application au territoire dépendant de la division sud d'Arcat, limitrophe de celui de Pondichéry (1). L'adoption de cette mesure est facile à comprendre. Un indice certain de l'excellence

____

(1) Acte du 5 août 1850, publié à Goudelour le 19 du même mois.

(viij)

du système créé par l'ordonnance du 7 juin 1828,
c'est l'augmentation graduelle du rôle brut des
contributions foncières, augmentation qui profite, il est vrai, au Trésor, mais sans nuire aux contribuables. En effet, admis à recevoir des avances,
pour les premiers frais de culture, et à se faire
dégrever en cas de pertes résultant d'évènements
de force majeure, les cultivateurs ne voient que
fort rarement tourner contre eux les chances auxquelles ils s'exposent, en prenant plus de terres
qu'ils n'en peuvent cultiver. L'expérience, d'ailleurs, le prouve.

Je viens de parler de ce qui est évident pour
tout le monde, c'est-à-dire des garanties d'ordre
et de meilleur avenir assurées aux cultivateurs
par les dispositions de l'ordonnance du 7 juin 1828.
J'aborde maintenant les considérations qui, aux
yeux de quelques personnes, sembleraient justifier l'idée qu'a eue le Gouvernement local d'instituer une commission chargée d'élaborer un projet
de révision.

Ainsi que l'a judicieusement fait remarquer
M. Le Faucheur, membre de la commission d'a-
griculture, en 1843, « l'ordonnance du 7 juin 1828
a eu deux objets en vue : la consécration des usages
anciens et l'introduction de dispositions nouvelles
tendant à améliorer le sort des cultivateurs, à favoriser l'agriculture, l'industrie et le commerce.

(ix)

C'est sous ce dernier rapport qu'elle a été en butte à des attaques multipliées (1). »

Loin de moi la pensée de vouloir rappeler ces tristes essais, ces malheureuses tentatives où se décèlent, d'un côté, l'inexpérience, l'impatience de s'enrichir de la plupart des industriels que nous avons vus à l'œuvre, et, de l'autre, l'incurie, le relâchement d'un Gouvernement dont la mission paraissait avoir pour objet de défaire ce qu'avait fait le Gouvernement précédent.

Je me bornerai à mon sujet.

La section 3 du chapitre 3 du titre 1ᵉʳ (2), est selon moi la partie la plus intéressante de l'ordonnance du 7 juin 1828 ; c'est aussi celle que je me suis exclusivement proposé de commenter dans le *Mémoire* que l'on va lire. Me serais-je toujours placé à la hauteur des graves questions que j'y ai traitées ? Aurais-je toujours choisi des solutions la meilleure ? C'est ce que décidera le lecteur.

(1) Rapport du 26 janvier 1843.
(2) Voir l'Annexe n° 1.

MÉMOIRE

RELATIF

A LA RÉVISION DE L'ORDONNANCE LOCALE

DU 7 JUIN 1828.

La première commission chargée de revoir l'ordonnance du 7 juin 1828 fut convoquée par un arrêté de M. le gouverneur Saint-Simon, en date du 2 septembre 1835, sous la présidence de M. Buirette-Saint-Hilaire qui, nommé rapporteur, prépara et soumit au Conseil d'administration, le 5 février 1839, un projet d'arrêté accompagné d'un rapport où il résuma les motifs des divers changements à apporter à l'ordonnance précitée.

Voici en quels termes s'est exprimé M. Buirette-Saint-Hilaire, au sujet de la section 3 du chapitre 3 du titre Ier :

« A l'époque où l'ordonnance du 7 juin 1828 fut élaborée, M. le vicomte Desbassayns de Richemont, alors administrateur général des Établissements français de l'Inde, pensant qu'il y avait possibilité d'établir des cultures spéciales dans ce pays-ci, y introduisit une section particulière qui fixe le mode de possession des terres, les droits des particuliers auxquels des concessions pour des cultures de cette nature seraient faites, et les droits du Gouvernement. Les résultats n'ayant pas répondu aux espérances qu'on avait conçues, et ces cultures ayant été tout-à-fait abandonnées, la Commission a pensé qu'il était non-seulement inutile de s'occuper de reviser cette section, mais qu'il fallait la supprimer de l'ordonnance, en maintenant toutefois, par un article unique, le droit au Gouverneur de concéder les terres domaniales, si on les lui demande pour ces sortes de cultures, à des conditions qui feront l'objet de contrats particuliers en concédant lesdites terres. L'article 55 du projet d'arrêté qui vous est soumis consacre cette disposition. »

Je remarque que relativement à la suppression de la section 5 et à l'adoption d'un article unique ayant pour effet de maintenir le droit au Gouverneur de concéder des terres pour les cultures spéciales, le projet d'arrêté de la Commission de 1835 n'est pas d'accord avec le rapport fait par M. Buirette-Saint-Hilaire. Car, en rapprochant l'un et l'autre document, on est tout étonné de voir que ni l'article 55 ni aucun autre n'a rien reproduit de semblable aux dispositions qui devaient remplacer celles de la section 5 du chapitre 5.

Quoi qu'il en soit et pour des motifs que j'ignore, il ne fut donné aucune suite au projet d'arrêté préparé par la Commission de 1835 qui, à ce qu'il paraît, y aurait borné sa mission.

Je passe au travail de M. Joyau, rapporteur de la Commission d'agriculture instituée dans le sein du Conseil général (session de 1840-1841, séance du 15 janvier) (1).

____

(1) Le Conseil général de Pondichéry, supprimé depuis la révolution de février 1848, s'était vivement préoccupé de toutes les questions concernant l'agriculture à Pondichéry. Afin d'arriver à les résoudre, avec connaissance de cause, plusieurs de ses membres furent chargés de les étudier, et M. Joyau, l'un d'eux, d'en faire le rapport. C'est de ce rapport, qui ne fut l'objet d'aucune proposition, qu'il s'agit ici.

Après avoir déduit en principe qu'il convient d'attribuer au cultivateur la propriété du sol, sur le territoire de Pondichéry, M. Joyau se résume et propose :

1° D'abroger tout ce qui, dans l'ordonnance du 7 juin 1828, tend à favoriser les Européens au détriment des Indiens et les cultures spéciales au préjudice des cultures indigènes ;

Et 2° d'autoriser la conversion des adamanams en concessions moyennant une diminution de redevance de 10 p. 0/0.

A la Commission d'agriculture nommée dans le sein du Conseil général et dont le rapport de M. Joyau eut pour but de résumer les propositions, succéda la Commission actuelle créée par un arrêté du Gouverneur en date du 15 juillet 1841 (*Bulletin* de 1841, page 177).

Aucuns procès-verbaux n'ayant été tenus des premières séances où furent débattus les motifs des divers changements que M. Le Faucheur, nommé rapporteur, consigna dans son rapport daté du 26 janvier 1845, il m'a été impossible de m'assurer si les propositions que l'on y trouve formulées eurent l'assentiment général, en d'autres termes, si les décisions qui les motivèrent furent prises à l'unanimité ou même à la majorité des membres composant alors la commission d'agriculture. Le fait est que ce premier travail ne fut point adopté, malgré le mérite qui le distingue à mes yeux, malgré la compétence incontestable de l'auteur pour l'exacte appréciation des questions domaniales.

En ce qui concerne exclusivement l'examen que je me suis proposé de faire, voici les principaux changements indiqués par M. Le Faucheur :

Premièrement, abolir le système exceptionnel de

concession établi par l'ordonnance du 7 juin 1828 ;

Secondement, vendre avec publicité et concurrence, à titre de concessions à rentes foncières, les terres cultivées et incultes dont le Domaine pourra disposer, en fixant à deux fois et demie leurs redevances intégrales, la mise à prix au-dessous de laquelle les adjudications ne pourront avoir lieu ;

Troisièmement, accorder aux admanaires la faculté d'obtenir la conversion de leurs adamanams en concessions, en payant pour l'acquisition de la nue propriété du fonds une indemnité égale à deux ans et demi de leurs redevances ;

Quatrièmement, encourager les cultures nouvelles ; mais au lieu de faire remise aux entrepreneurs du prix des terres qu'ils se proposeraient d'y affecter, les exempter de la redevance de ces mêmes terres, pendant un certain temps ;

Cinquièmement, rapporter, entre autres dispositions en vigueur, celles des articles 33, 34, 35, 36, 57, 58 et 45 de l'ordonnance du 7 juin 1828.

Telles sont les modifications proposées par MM. Buirette-Saint-Hilaire, Joyau et Le Faucheur, à l'endroit de la section 3 du chapitre 3, modifications donnant lieu à quelques questions dont les principales peuvent se résumer et se discuter dans l'ordre suivant :

1° Suppression ou modification de ladite section ;

2° Aliénation des terres cultivées et incultes dont le Domaine pourra disposer ;

3° Conversion des terres possédées à titre d'adamanams en celles dites à concession ;

4° Diminution de redevance de 10 p. 0/0.

5° Encouragements à donner aux cultures nouvelles.

Première Question.

Des rapprochements que je viens de faire, il résulte que l'opinion émise par M. Buirette-Saint-Hilaire et tendant à remplacer la section 5 par un
article unique dont les dispositions ont été indi-
quées plus haut, n'est pas partagée par M. Joyau,
qui, par sa proposition n° 12, s'est borné à demander :

« Que les dispositions de l'ordonnance qui excluent les Indiens et les étrangers du droit à la
concession et exigent la condition d'une culture
spéciale et toutes autres dispositions qui sont la
conséquence de ce système, soient rapportées ;
qu'en conséquence, toute personne, à quelque
classe et à quelque nation qu'elle appartienne, soit
admise à jouir du bénéfice des articles 52, 54 et
55 de l'ordonnance, sans être obligée aux cultures
spéciales qui font l'objet de la section 5 du chapitre 5, ni à rien de ce qui est la conséquence de
ce système. »

Tout en reconnaissant la nécessité de changer
l'ancien état de choses, M. Joyau maintient, comme
on voit, tous les articles de la section 5 ; seulement,
il les modifie de manière à ce qu'au lieu de ne
s'appliquer qu'à une certaine classe d'individus,
ils puissent profiter à tous.

Quant à M. Le Faucheur, il abonde dans le
même sens que MM. Buirette-Saint-Hilaire et Joyau, en ce qui concerne la renonciation au système exclusif de concessions pour cultures spéciales, créé par l'ordonnance du 7 juin 1828.

« L'expérience, a-t-il dit, ayant démontré l'insuffisance du système exceptionnel au moyen duquel on avait voulu favoriser l'introduction des cultures nouvelles sur le territoire, il est inutile d'y persister plus longtemps, et le temps est venu de rentrer dans la règle commune. »

Mais les moyens qu'il propose ne sont pas les mêmes que ceux indiqués par ses devanciers. Ne conservant de la section 3 que les articles d'une application générale, il supprime tous ceux relatifs aux concessions pour cultures spéciales, au sujet desquelles il formule de nouvelles dispositions que je me réserve d'examiner plus tard. Ainsi, M. Le Faucheur ne partagerait ni l'avis de M. Buirette-Saint-Hilaire de remplacer la section 5 par un article unique, ni celui de M. Joyau de faire subir à cette section les modifications jugées nécessaires.

Je regrette vraiment que MM. Buirette-Saint-Hilaire et Le Faucheur ne se soient point appliqués à développer plus sérieusement les motifs sur lesquels ils se sont fondés pour demander, l'un, la suppression totale, et l'autre, la suppression partielle de la section 3 du chapitre 3.

Quoi qu'il en soit, les règles consacrées par cette section n'ayant, selon moi, rien d'incompatible avec les usages locaux, et l'expérience que l'on en a faite n'y ayant pas été contraire, puisque, dernièrement encore, lorsqu'il s'est agi de concéder des terres à la charge d'y faire des plantations de cocotiers, l'Administration, faute de mieux, s'est contentée de recourir à ces mêmes règles qu'elle a textuellement rendues applicables aux nouvelles concessions (voir au *Bulletin* de 1847, l'arrêté du 18 novembre même année, page **279**), je n'hésite pas à me ranger de l'avis de M. Joyau, lequel me paraît sagement conçu. Je pense donc que la section 3 devrait être conservée. Mais, comme il importe de se départir du système exclusif, qu'elle a eu pour objet d'établir, afin de rentrer dans la règle commune, je serais d'avis de décider, ainsi que la Commission d'agriculture elle-même l'a déjà fait (1), que le mode de possession à titre de concession s'étendra à toutes sortes de terres, de cultures et d'individus; que, dans ce cas, les conditions à imposer aux concessionnaires, seront invariables et fixées d'avance par l'ordonnance.

Deuxième Question.

C'est à propos de la conversion des adamanams en concessions que s'élève l'importante et grave question de l'aliénation du sol par le Gouvernement local. Pour l'examiner et la discuter avec fruit, quelques explications préliminaires, sur ce que l'on entend par adamanam et concession, me semblent nécessaires.

Que signifie adamanam? Cette expression entraîne-t-elle l'idée exclusive du droit de propriété? Particularités sur lesquelles il importe d'être fixé, par la raison que dans toutes les attaques dirigées contre ce mot, l'affirmative est soutenue avec une opiniâtreté telle qu'il semblerait vraiment que l'auteur de l'ordonnance du 7 juin 1828 en aurait changé ou torturé le sens par l'acception qu'il y a donnée.

(1) Voir le procès-verbal de la séance du 25 octobre 1846.

Dans une requête adressée le 19 avril 1845 à M. de Saint-Simon, alors gouverneur des Établissements français de l'Inde, par la représentation des habitants indiens de Pondichéry, requête imprimée à Nantes et livrée ainsi à une grande publicité, la question qui nous occupe se trouve posée et résolue en ces termes :

« Voyons si le mot adamanam exclut par son sens l'idée du droit de propriété privée, comme paraît l'interpréter ainsi l'article 1ᵉʳ § 2 de l'ordonnance du 7 juin 1828. Adamanam signifie : *payant la redevance en argent*, qualification qui distingue les terres de cette nature de celles à Varam, *payant la redevance en grains.* »

La conséquence que l'on ne tire pas, mais sur laquelle il n'y a pas à se méprendre, c'est que le mot adamanam entraîne l'idée du droit de propriété privée. Dès lors, il suffirait qu'un cultivateur acquittât sa redevance en argent pour qu'on le déclarât propriétaire. Mais comment se fait-il qu'à Karikal où les Mirasdars se considèrent tous comme propriétaires de leurs terres, ils n'aient jamais payé leurs redevances qu'en grains ? Après tout, c'est vouloir s'abuser, je crois, que de s'attacher à de pareils indices pour prouver que le contrat adamanam, tel que l'a créé l'ordonnance du 7 juin 1828, implique la propriété privée et absolue du sol. J'avoue, d'ailleurs, que s'il me fallait discuter un à un tous les arguments que les auteurs de la requête précitée font valoir pour arriver à cette preuve, je n'en finirais pas. Cependant, il m'est impossible de ne pas relever l'induction qu'ils tirent de la perception des lods et ventes sur les expropriations et les ventes de terres à adamanam pour constater qu'il n'entre point dans les privi-

léges du Gouvernement de recevoir sur les mutations de fermes et de locations le droit de mutation
de propriété (voir page 13 de la requète).

La déduction est juste, mais le principe est
erroné. L'essentiel est de savoir si les lods et ventes
sont dûs ou non sur les mutations d'adamanams.

Personne n'ignore aujourd'hui ce que l'on entend par le contrat adamanam. Aussi n'insisterai-je
point sur les preuves irrécusables que M. Le Faucheur a rapportées et à l'aide desquelles il a établi la parfaite similitude qu'il y a entre ce contrat
et le bail emphytéotique, tel que le définit notre
ancienne législation. La question se réduit donc à
savoir si cette espèce de bail était soumise ou non
au droit de mutation. J'ai, à cet effet, consulté le
*Recueil de jurisprudence civile du Païs de droit
écrit et Coutumier*, par ordre alphabétique, par
Me Guy Rousseaud de la Combe, avocat au Parle-
ment, au mot *lods et ventes*, pages 525, 527, et
j'y ai lu ce qui suit :

« De baux emphytéotiques, c'est-à-dire à plusieurs vies ou longues années, ne sont dûs, Fer-
rerius, Guy Pape, La Roche, d'Olive, Despeisses,
page 47, numéro 25, s'il n'y a argent baillé, article
29, novembre 1607. Mornac et Duplessis, n'en est
dû pour transport du bail emphytéotique sans
argent. *Secùs*, s'il y a de l'argent, Duplessis, Bac-
quet, d'Argentré et Despeisses. »

Il faut donc distinguer : les lods et ventes ne
sont pas dûs s'il n'y a argent baillé. C'est ce qui
se pratique. Les cultivateurs ne payant aucun prix
pour les terres que le Gouvernement leur donne
à adamanam, il n'y a pas lieu à perception. Mais,
dès que le droit de jouissance, qui constitue l'a-
damanam, est vendu aux enchères publiques par

les Tribunaux, et qu'il y a, par conséquent, *argent baillé*, la perception est de rigueur ; cela me paraît incontestable

Au surplus, les tentatives faites contre le système adamanaire qui, quoi qu'on en dise, est fort ancien dans le pays, ne datent pas d'hier. Entre autres documents qui le prouveraient, j'ai eu dans les mains une réponse faite en septembre 1777, par M. Law de Lauriston, alors gouverneur de Pondichéry, à un mémoire sur l'administration des terres et revenus du Roi dans les Indes orientales, écrit contre lui et dont l'auteur s'était complètement mépris sur le mot adamanam, méprise qu'il a cru devoir relever comme suit :

« L'auteur du *Mémoire*, a-t-il dit, veut abolir aussi l'adamanam, mot qu'il n'entend point, et que bien des personnes employées dans l'Inde n'entendent pas plus que lui, car l'expression qui se trouve dans les baux de laisser le choix du Varam ou de l'Adamanam est tout à fait impropre. Ce pauvre mot est si maltraité dans le *Mémoire* et dans les notes qui l'accompagnent, qu'il faut que je cherche à le justifier de toutes les mauvaises qualités qu'on lui impute. Adamanam ne veut dire autre chose que *règlement, accord, condition, engagement.* Le Varam est un adamanam ou accord en grains. Celui en argent se nomme Tirvey, mot que les Européens ont laissé là pour lui substituer mal à propos celui d'adamanam, croyant qu'il signifiait la même chose. »

Ces explications m'aideront à faire ressortir ce qu'il y a d'erroné dans la définition du mot adamanam que donne la requête adressée au gouverneur Saint-Simon. En effet, adamanam, qui, grammaticalement et logiquement, signifie (je le démontrerai tout à l'heure) *règlement, accord, condition, engagement,* s'applique aussi bien aux terres cultivées à Varam (payement en grains) qu'à celles cultivées à Tirvey (payement en argent). D'où il suit qu'adamanam est un terme général qui, dans le cas particulier, ne saurait être employé plutôt dans un sens que dans l'autre. Or, l'opposer comme on l'a fait dans la requête précitée, à Varam, c'est commettre une erreur inexcusable de la part des pétitionnaires, tous Indiens, et ne pouvant, par conséquent, prétexter cause d'ignorance.

Examinons maintenant si l'auteur de l'ordonnance du 7 juin 1828 a mérité les reproches qu'on lui adresse pour avoir, par l'article 54, réuni sous la dénomination d'adamanam, les différents genres de possession dits à *Patta,* à *Kaoul,* à *Kambattam,* dont deux (ceux à patta et à kambattam) emporteraient, ainsi qu'on l'a soutenu à la séance de la Commission d'agriculture du 10 juin 1844, le droit de propriété.

Voici les dispositions de cet article, dont le paragraphe 2 est ainsi conçu :

« Toutefois, afin de ramener dès à présent à un mode uniforme les différents genres de possession dits à *patta,* à *kaoul,* à *kambattam* et à *adamanam,* toutes les terres occupées à ces divers titres dans les districts de Pondichéry, Villenour et Bahour, dont les possesseurs consentiront à payer la redevance actuelle dans son intégralité, seront immédiatement déclarées adamanams et jouiront de tous les droits attachés à ce mode de propriété. »

Je commencerai par définir les termes, car l'absence de définition a toujours été cause de beaucoup d'erreurs : les plus graves dissentiments ne reposent souvent que sur des mots. Ceux qui nous occupent en ce moment se réduisent à quatre : recherchons quelle est la signification que l'on doit leur assigner dans toute la rigueur des règles et de l'usage.

Ad'aémanam, et plus communément *Ad'amànam*, est un mot tamil composé de *Ad'aé* et par contraction *Ad'a*, impératif du verbe *Ad'aéguiradou* (obtenir, prendre) et de la particule *mànam* employée ici à convertir en état, l'action marquée par le verbe. *Ad'aémànam* ou *Ad'amànam* signifie donc proprement : action de prendre, d'obtenir, et par suite, *accord, condition, engagement*, signification consacrée d'ailleurs par le grand dictionnaire tamil-anglais du R. P. Rottler, lequel reconnaît au mot *Ad'amanam*

1° Le sens de voie ou méthode pour faire une chose, pour réparer un dommage. *Voie* ou *méthode pour faire une chose* et *règlement, accord, condition*, sont incontestablement des termes synonymes.

Et 2° celui de nantissement, gage, argent prêté sur tout ce qui produit intérêts.

Le même dictionnaire, au mot *Oujouguiradou* (labourer, tracer des sillons), donne l'acception suivante au substantif *Oujavou* (labour, labourage, culture), réuni au verbe *Ad'aéguiradou* (prendre, obtenir), d'où dérive, ainsi que je l'ai dit plus haut, le mot Ad'amànam. Oujavad'aéguiradou, *To pledge a land in order to be cultivated by another :* mettre ou prendre en gage une terre qui doit être cultivée par un autre et, plus généralement, *s'engager à cultiver, donner à cultiver*.

Le sens littéral et logique du mot Ad'amànam étant *accord, condition, engagement*, et son étymologie, facile à comprendre, ne permettant pas de l'employer dans celui de propriété, l'application que l'auteur de l'ordonnance du 7 juin 1828 en a faite aux divers genres de possession dits à *patta*, à *kaoul*, à *kambattam*, est essentiellement rationnelle. On ne saurait donc y voir ni un contre-sens, ni une confusion de termes, quoique l'on s'obstine toujours à le prétendre, sans toutefois produire aucune preuve à l'appui.

Mais il ne suffit pas d'avoir démontré qu'en réunissant, sous une seule et même dénomination, celle d'Adamànam, les différents genres de possession, dits à *patta*, à *kaoul*, à *kambattam*, l'ordonnance précitée (article 54) n'a violé ni la logique, ni les règles de la grammaire ; il faut encore s'assurer si ces trois derniers termes peuvent se prêter à une semblable réunion, s'il n'y a rien dans leur étymologie qui s'y oppose, qui y soit contraire, et par suite, si la conversion en Adamanam, des terres possédées à *patta*, à *kaoul*, à *kambattam*, n'a pas été plutôt profitable que nuisible aux cultivateurs.

Patta est un mot hindostani ayant la signification de titre, en général. Il se prend plus particulièrement pour *bail, engagement à culture*.

Kaoul ou plutôt *kaboul* vient également de l'hindostani et veut dire : *consentement, convention, engagement*.

Kambattam dérive de *kambatt*, mot sanscrit employé en dakhni (langue du Deckan) pour signifier *culture*.

Telle est l'acception régulière de ces trois mots, dont aucun ne comporte le sens de droit de propriété privée.

On peut donc, sous ce rapport, les ranger dans la même catégorie que l'expression Adamanam, et ainsi se justifie la substitution ou mieux la transformation opérée par l'article 54 de l'ordonnance du 7 juin 1828, dans l'intérêt, bien entendu, des cultivateurs. A ceux qui croiront devoir le contester, je répondrai en me bornant à transcrire ici l'opinion déjà émise, à cet égard, par M. Faciolle, membre de la Commission d'agriculture, à la séance du 10 juin 1844, dont le procès-verbal porte :

« M. Faciolle ne pense pas que les possessions dites anciennement à *patta* et à *kambattam* emportassent avec elles le droit de propriété ; l'article 54 de l'ordonnance est entièrement facultatif, et si les Indiens ont accepté l'échange qui leur a été offert par l'ordonnance, c'est qu'évidemment ils y ont trouvé un avantage. Du reste, on ne peut pas supposer, ajoute M. Faciolle, que le Gouvernement ait voulu, en réunissant les différents modes de possession en un seul, faire aux habitants une condition pire que celle qu'ils avaient auparavant. »

Ces détails complètent et développent suffisamment, je pense, les motifs sur lesquels la Commission actuelle s'est fondée pour s'en tenir à l'adoption pure et simple de la définition que l'ordonnance du 7 juin 1828 donne de l'Adamanam (1). Or, plus de doute, plus de discussion possible sur ce mot dont l'acception générale, qui est *accord, condition, contrat, engagement, règlement,* n'entraîne nullement l'idée du droit de propriété privée. Le choix qu'en a fait l'auteur de l'ordonnance précitée, pour désigner *les terres dont le Domaine a aliéné la jouissance à perpétuité,* n'a donc rien d'opposé ni à la logique ni à la grammaire. Je le

(1) Voir le procès-verbal de la séance du 10 juin 1844.

trouve, au contraire, on ne peut plus rationnel et justifiable à tous égards.

Maintenant, le mot *concession* me paraît également bien choisi pour désigner l'espèce de propriété qu'il sert à définir. Je ferai toutefois remarquer que bien qu'il s'agisse d'une *terre dont le Domaine a aliéné la propriété*, les restrictions contenues aux articles 11 et 12 de l'ordonnance sont telles que l'on se pose tout naturellement la question de savoir si la propriété absolue du fonds est transmise par la concession comme elle l'est par la vente. J'adopterai la négative, et, à l'appui de mon opinion, j'invoquerai celle développée par M. Joyau, dans le rapport qu'il a adressé au Conseil général, et dont j'ai déjà parlé :

« L'ordonnance du 7 juin 1828, a dit M. Joyau, reconnaît deux modes principaux de possession : la *concession* et l'*adamanam*.

« La concession est onéreuse ou gratuite, ancienne ou nouvelle.

« La concession onéreuse ou gratuite, ancienne ou nouvelle, nous paraît conférer au concessionnaire le droit intégral de propriété de la terre concédée, quoique cependant l'exercice de ce droit ne soit peut-être pas tout-à-fait aussi complet, aussi libre que celui du propriétaire d'un immeuble dans la métropole. Les concessionnaires, portent les articles 4, 8 et 57 de l'ordonnance, ont la libre disposition de leurs concessions ; ils en jouissent et disposent comme de chose à eux appartenant sans restriction et sans réserve. Nous verrons bientôt quelles restrictions cependant sont apportées à la propriété de chaque espèce de concession. Quoi qu'il en soit, ce droit de propriété est ce qui distingue particulièrement la concession de l'adamanam qui n'est qu'une jouissance perpétuelle, il est vrai, mais qui cependant est souvent éphémère, qu'une possession qui a presque tous les caractères de la propriété, *mais qui n'est pas la propriété*, et qui même, sous d'autres rapports, assure au tenancier moins de garanties de stabilité peut-être que n'en assure au métayer le simple contrat de bail.

« Le concessionnaire étant propriétaire, s'il ne satisfait pas aux conditions de la concession, doit être exproprié. Mais, dans les mêmes circonstances, l'adamanaire, qui n'est qu'un fermier, qu'un métayer, est simplement expulsé. Au dernier le souverain doit protection, secours dans le besoin. Il n'y est plus tenu vis-à-vis du concessionnaire devenu maître indépendant, absolu de la terre qu'il cultive. Ainsi, le Gouvernement fait à l'ordinaire des avances pour les frais de culture et consent à des dégrèvements, si la récolte est mauvaise. Le concessionnaire ne peut prétendre ni à l'un, ni à l'autre de ces avantages.

« Tels sont les caractères distinctifs de la concession et de l'adamanam. »

Je n'ajouterai ni ne retrancherai rien à ce qui précède. On n'a jamais mieux résumé les dispositions consacrées par l'ordonnance du 7 juin 1828, relativement aux concessions et aux adamanams. Or, il est indubitable pour moi que le droit inhérent à la concession est beaucoup plus étendu que celui résultant de l'adamanam, et cela, d'après les principes posés par l'ordonnance précitée. Mais ce droit, rigoureusement parlant, ne saurait jamais être assimilé, en tout et pour tout, à celui que confère la vente d'un immeuble affranchi de toute redevance, de toute charge spéciale, mais grevé seulement, comme en France, de tributs généraux imposés pour le maintien de l'Etat.

Je vais plus loin. M. Joyau a dit qu'à *Karikal le cultivateur est beaucoup plus propriétaire qu'il ne l'est à Pondichéry* (voir la note qu'il a mise au § 20 de son rapport). C'est ce que je conteste et nie. Le mirasdar, pas plus que le concessionnaire, ne saurait prétendre à la propriété libre et absolue du sol qu'il exploite. Et, pour s'en convaincre, il suffit de recourir au règlement de culture du 15 mai 1788, qui constitue le code de l'agriculture à Karikal, et dont les dispositions n'ont jamais cessé d'y être en vigueur.

Sans m'arrêter à la déclaration de droits que contient l'article 1er du titre IV, où il est dit que « *les habitants du Tanjaour* (1) *étant possesseurs de leurs terres, soit à titre d'une concession primordiale à eux faite par les premiers souverains du pays, à la charge d'une redevance annuelle, soit par une action occupatoire si ancienne qu'elle a acquis force de loi* », déclaration de droits qui pourrait s'appliquer tout aussi bien aux concessionnaires et à un grand nombre d'anciens adamanaires de Pondichéry, qu'aux mirasdars de Karikal, j'insisterai plus particulièrement sur les emprunts qui font l'objet de l'article 2 du même titre, ainsi conçu :

« Article 2. Il est arrivé souvent que des propriétaires pressés par quelque besoin extrême ont hypothéqué leurs biens pour une somme fort inférieure à leur valeur, quoique, par la teneur de l'acte d'emprunt, les hypothécaires fussent habiles

______

(1) Karikal est situé dans le Tanjaour.

à succéder à la propriété de l'emprunteur, après l'expiration du terme prescrit pour le remboursement des billets consentis. Cet usage déplorable ne pouvant être arrêté sur tous les faits passés, le sera au moins, pour l'avenir, par l'esprit comme par la lettre du présent règlement. En conséquence, à compter du jour de la publication dudit règlement, il ne sera permis aux habitants que deux espèces d'emprunts désignés sous le nom d'emprunts particuliers et d'emprunts publics.

« Les premiers (les emprunts particuliers) toujours faits sans aucune hypothèque quelconque, mais sanctionnés par des actes passés par-devant le tabellion de Karikal, ne pourront excéder la somme de cinquante pagodes Portonove (1), seront remboursables dans le cours d'une année au plus tard et ne pourront être grevés d'un intérêt plus fort que celui d'un pour cent par mois. Cependant, si les terres qui sont en ce moment en régie étaient par la suite mises en ferme, les emprunts particuliers pourraient être plus étendus, mais seulement dans le rapport des habitants aux fermiers et à titre d'avances faites par ces derniers, ainsi qu'il a été expliqué au vingt-troisième article du titre II du présent règlement.

« Les seconds (les emprunts publics) seront contractés directement avec les administrateurs au compte de la chose publique. La sagesse, la bienfaisance de ces administrateurs déterminera le terme du remboursement, ainsi que le taux de l'intérêt, lequel cependant ne pourra être moindre de huit pour cent, ni plus fort que douze pour

(1) La pagode Portonove vaut 7 francs.

cent par an, en raison de la qualité, des talents et de la conduite de l'emprunteur ; mais cette nature d'emprunt sera, comme la précédente, constatée par le tabellion de Karikal et portera de plus une hypothèque générale, spéciale et privilégiée de tous les biens du débiteur.

« Toute autre forme d'emprunt, que les deux qui viennent d'etre expliquées, sera regardée comme nulle et non avenue en justice, et tous engagements contraires tomberont à la charge unique du créancier dans tous les cas où le débiteur serait de mauvaise foi ou dans l'impuissance réelle de s'acquitter, en ayant la volonté. »

Il est clair que, d'après les limites posées par l'article que l'on vient de lire, le mirasdar n'a pas le droit d'hypothéquer ni d'aliéner sa terre comme il peut le juger convenable. N'ayant pas ce droit, doit-on le considérer comme un propriétaire ? Mais il l'est si peu, qu'il n'aurait même pas la liberté de faire avec les sous-habitants ou cultivateurs d'autres conditions que celles déterminées par le règlement. L'article 10 du titre déjà cité porte :

« Article 10. Les habitants et sous-habitants ne pourront faire aucune condition entre eux que par écrit et avec la participation ou intervention des régisseurs ou fermiers, qui seront tenus d'en rendre compte, chaque année, aux administrateurs. L'habitant ou propriétaire étant bien traité par le seigneur suzerain, il est juste que le sous-habitant ou cultivateur participe aux douceurs et aux aisances généralement accordées par le souverain à tous. En conséquence, tous ceux desdits habitants ou propriétaires auxquels il ne conviendra pas de cultiver eux-mêmes leurs terres, ne pourront faire avec les sous-habitants ou cultivateurs

des conditions moindres que celles de vingt-cinq
sur les quarante-deux et demi pour cent assignés,
par le présent règlement, auxdits habitants ou propriétaires (1). Il en résultera que lesdits quarante-
deux et demi pour cent sur le produit des récoltes,
étant égaux (pour simplifier le calcul) à quatre-
vingt-cinq parties, l'habitant ou propriétaire se
réservera le tout, s'il est en même temps propriétaire et cultivateur, et que, dans le cas où il ne
serait que simple propriétaire et non cultivateur,
il se réservera seulement trente-cinq parties, et
tiendra compte des cinquante autres au sous-habitant ou cultivateur. Au moyen de cette attribu-
tion en faveur des sous-habitants ou cultivateurs,
de cinquante parties sur quatre-vingt-cinq ou de
vingt-cinq sur les quarante-deux et demi pour
cent du produit assigné à la part de l'habitant ou
propriétaire, lesdits sous-habitants ou cultivateurs
seront tenus de faire, à leur propre et privé compte,

(1) Les articles 1 et 2 du titre Ier expliquent l'allocation
de 42 1/2 p. 0/0 dont il s'agit ici.

« Article 1er. Les frais généraux de culture seront inva-
riablement fixés à quinze pour cent, lesquels seront prélevés
sur le produit brut des récoltes et répartis entre les parties
ayant droit à la divisibilité dudit produit, conformément au
tarif annexé au présent règlement sous le titre de tarif des
frais généraux d'exploitation des terres.

« Article 2. Le partage des produits de la terre ne pouvant
avoir lieu qu'après le prélèvement des dépenses nécessaires
pour se procurer lesdits produits, les quatre-vingt-cinq
pour cent restant desdits produits seront partagés en deux
parties égales de quarante-deux et demi pour cent chacune,
entre le seigneur suzerain et les habitants, soit que les possessions continuent à être administrées sous la forme de la régie,
soit qu'elles soient mises en ferme. »

tous les frais de semence, d'achat de bestiaux et de journées de coulis nécessaires à la culture des terres des habitants ou propriétaires qui auront aggrégé lesdits sous-habitants ou cultivateurs aux labours de leurs champs. »

Je demande quelle différence il y a entre le concessionnaire qui, pour être admis à faire l'abandon intégral de sa terre, doit avoir rempli les conditions primitives de la concession, avoir payé les rentes arriérées et celles de l'année courante, laisser son immeuble libre de toute servitude ou hypothèque; auquel, il est formellement interdit d'apporter dans ses plantations, avant de déguerpir, aucuns changements tendant à diminuer la valeur du fonds; dont la terre est frappée *ipso facto* d'un privilége au profit du Gouvernement pour le payement des redevances courantes et arriérées, privilège indépendant de toute inscription et qui suit cette terre entre les mains de tous acquéreurs; qui, en cas de reliquat dû, est poursuivi dans sa personne et ses biens comme s'agissant de deniers royaux : quelle différence y a-t-il, je le demande, entre le concessionnaire soumis à toutes les obligations et restrictions qui précèdent et le mirasdar de Karikal auquel il ne serait permis que deux espèces d'emprunts, les uns particuliers, c'est-à-dire, pour ses besoins privés, et les autres publics, c'est-à-dire pour les besoins de la culture, de l'exploitation agricole; qui ne saurait consentir d'hypothèque pour garantir ses dettes particulières dont le montant d'ailleurs ne peut excéder la somme de cinquante pagodes Portonove et est remboursable dans le cours d'une année au plus tard, avec un intérèt ne devant pas dépasser un pour cent par mois; qui ne peut contracter d'emprunts publics qu'avec les administrateurs, c'est-à-dire avec le Gouvernement, ni stipuler un intérêt annuel moindre de huit pour cent, ni plus fort que douze; qui est tenu de diviser sa part de récolte en quatre-vingt-cinq parties, ne s'en réserver que trente-cinq et abandonner les cinquante autres aux sous-habitants ou cultivateurs avec lesquels il lui est formellement interdit de faire d'autres conditions que celles prescrites par le règlement? Je réponds hardiment : aucune.

Il n'en faut pas davantage pour reconnaître d'une manière positive que toutes les dispositions consacrées par le règlement de culture du 15 mai 1788 et par l'ordonnance du 7 juin 1828, relativement aux mirasdars et aux concessionnaires ne sont qu'énonciatives et nullement déclaratives, constitutives de propriété; que, quelles que soient les conditions de la possession, elles tendent toutes à assurer au Gouvernement la libre et immédiate disposition du sol et de ses produits pour l'acquittement de l'impôt foncier; que, dès lors, l'appropriation du fonds n'est pas parfaite, qu'elle implique des restrictions qui sont de nature à la rendre tout-à-fait illusoire; que, d'ailleurs, il n'appartenait ni à l'ordonnance, ni au règlement précités d'instituer la propriété foncière sur ses véritables bases, en d'autres termes, de statuer pleinement sur l'aliénation du domaine colonial, ainsi que je l'expliquerai tout-à-l'heure; qu'en admettant même que ces actes aient pu suffire à sanctionner l'aliénation dont il s'agit, et cela par application de la loi de 1833 sur le régime politique et législatif des colonies, il n'en sera pas moins vrai pour tous que les principes et les règles que l'on y trouve établis ne reposent que sur des fondements provisoires et imparfaits, par conséquent; que la vérification de titres, quelque indis-

pensable qu'elle fût, ne suffisait pas; que le cadastre parcellaire et définitif, la fixation et la répartition de la rente foncière importaient tout autant; qu'enfin, jusqu'à ce que les terres soient généralement mesurées et taxées d'une manière uniforme et régulière, jusqu'à ce que toutes les en-
traves apportées à la libre jouissance du sol, par
les règlements en vigueur, aient disparu, la propriété sera pour les concessionnaires de Pondichéry
et les mirasdars de Karikal ce qu'elle a toujours
été, un droit rien moins qu'illusoire et dépouillé de
ce caractère absolu qui seul le constitue et en
fait toute la force.

Mais, dans l'état actuel des choses et sous le rapport des distinctions générales admises par l'ordonnance du 7 juin 1828, en ce qui concerne
surtout la dépossession pour non payement de la
redevance, doit-on considérer la classification des
terres en adamanam et en concession, comme
purement nominale ou bien comme d'ordre public ;
et, par conséquent, nécessaire ? Si elle n'est que nominale et sans valeur aucune au fond, inutile, je
crois, d'y persister : un système unique et uniforme
de possession et de perception est toujours pré-
férable; pour y renoncer, il faut de graves motifs.
Mais une simple réflexion suffira pour nous faire
changer d'avis. En effet, les droits des adamanaires
reconnus être les mêmes que ceux des concessionnaires, les uns et les autres seraient également propriétaires des terres qu'ils détiennent, et, comme
les genres de possession dits à *patta*, à *kavoul*, à *kambattam* ont été abolis et les terres occupées à ces
divers titres déclarées adamanams, il n'y aurait pas
jusqu'aux détenteurs de ces terres qui ne dussent
être considérés comme des propriétaires ? Le

simple cultivateur à *kaoul,* ancien ou nouveau, propriétaire au même titre qu'un concessionnaire ! Est ce possible?

Non, la division des terres en adamanams et en concessions n'est, ni nominale, ni facultative. Elle est de rigueur et tellement inhérente aux conditions sous lesquelles le sol est occupé, à Pondichéry surtout, qu'il est impossible de ne pas la reconnaître comme indispensable.

J'entrerai, à cet égard, dans quelques explications.

Antérieurement à la reprise de possession, en 1816, les terres étaient toutes affermées à des fermiers généraux qui, moyennant le payement de leurs termes, disposaient du sol, ainsi qu'ils le jugeaient convenable et utile à leurs intérêts. Il y avait une si grande confusion dans les divers modes de possession en usage alors, qu'il serait bien difficile de s'arrêter à tel ou tel système plutôt qu'à tel ou tel autre.

A son arrivée à Pondichéry, en qualité de gouverneur civil des Établissements français de l'Inde, M. le comte du Puy fit publier une déclaration par laquelle furent provisoirement maintenus les baux et les conventions stipulés par le Gouvernement anglais. Cette déclaration porte :

« Nous, Administrateurs généraux, considérant qu'à peine y a-t-il un mois que nous avons repris possession des Établissements français dans l'Inde, qu'en conséquence nous n'avons pu nous procurer encore les renseignements nécessaires sur le meilleur mode à adopter pour l'administration et la perception des revenus royaux;

« Que cependant il est urgent de rassurer ceux qui ont affermé les terres et droits sous le Gouvernement anglais;

« Déclarons que, ne voulant faire que des changements utiles, justes et réfléchis, nous maintenons
provisoirement les baux en vigueur, et les conventions stipulées par le Gouvernement anglais, pour
les divers revenus concernant Pondichéry et ses
dépendances. »

Cinq mois plus tard parut l'ordonnance suivante qui peut être considérée comme la loi des parties et dont l'exécution décida irrévocablement du
sort de la possession territoriale, à Pondichéry :

« Après nous être fait représenter l'état général
des sommes présumées dues par les particuliers
qui possèdent, tant à Pondichéry que dans les
dépendances de son district, des terrains ou autres
établissements obtenus à titre de concession,
moyennant une redevance annuelle au Domaine
du Roi ;

«Considérant que plusieurs desdits propriétaires
redevanciers se trouvent arriérés depuis quelques
années et tous pour l'année 1846;

« Ordonnons ce qui suit :

« Art. 1er. Tout propriétaire ou se considérant
comme tel, de terrains ou établissements quel-
conques à titre de concession, moyennant redevance au Domaine, est tenu de s'acquitter, avant
le 10 du mois prochain, au bureau du Domaine,
en cette ville, des sommes par lui dues pour lesdites redevances.

«Art. 2. Chacun desdits concessionnaires ap-
portera audit bureau ses titres de propriété ou
de concession, pour y être enregistrés.

« Art. 5. Ceux qui possèdent des terrains au titre
présumé de concession avec redevance antérieurement au 1er janvier 1792, et qui auraient perdu
leurs titres, soit de propriété, soit de concession,

en feront leur déclaration au bureau du Domaine, afin que, s'il y a lieu, nouveaux titres de concession leur soient délivrés gratis par les Administrateurs généraux.

« Art. 4. Le receveur du Domaine délivrera aux redevanciers ci-dessus, qui s'acquitteront à son bureau, une quittance en forme, dans laquelle seront mentionnés le nom du concessionnaire primitif, la date de la concession, le lieu, l'espèce et la contenance, ainsi que la redevance annuelle de ladite concession : le tout sans préjudice aux droits du Gouvernement, non plus qu'à ceux du concessionnaire, jusqu'à vérification et confirmation de ces titres.

« Art. 5. Nul redevancier ne pourra faire abandon de sa concession, sous tel prétexte que ce soit, qu'entre les mains du Gouvernement et après en avoir prévenu le receveur du Domaine, les Administrateurs généraux se réservant à eux seuls le droit de statuer à quelles conditions ils peuvent recevoir ledit abandon, ou, s'il y a lieu, prononcer la réunion au Domaine.

« Art. 6. Les concessions avec redevance au Domaine, ne pourront être transmises, soit en totalité, soit en partie, par le propriétaire, à d'autres particuliers, à tel titre que ce soit, sans en avoir fait la déclaration au Domaine. S'il y a division dans la transmission quelconque de ces propriétés, le Gouvernement seul réglera dans quelle proportion doit être répartie la redevance primitive, de manière que le Domaine n'ait aucun risque à courir, sur l'hypothèque du fonds, dont se trouve grevée la concession primitive.

« Art. 7. Les contestations ou incertitudes qui pourraient exister pour le gisement, l'abornement et la contenance desdites concessions, et qui se trouveraient intéresser le Domaine du Roi, seront communiquées à MM. les Administrateurs généraux qui en ordonneront le renvoi à qui de droit.

« Et sera la présente ordonnance enregistrée aux Tribunaux, publiée et affichée partout où besoin sera. Pondichéry, le 18 juin 1818. Le Gouverneur général, *Signé* comte Du Puy. *Signé* J. Dayot. »

L'enregistrement prescrit par l'article 2 de cette ordonnance eût cela d'avantageux qu'il aida le Gouvernement à distinguer les individus qui détenaient leurs terres en vertu de titres de concession, de ceux qui n'étaient que simples locataires à bail susceptible de renouvellement à la fin de chaque année ou à un terme plus ou moins long, distinction, d'ailleurs, qu'il importait de faire pour éviter une confusion de droits qui eût été vraiment regrettable.

Il est probable que cette mesure, à laquelle on ne peut qu'applaudir, continua d'être observée jusqu'à la promulgation de l'ordonnance du 7 juin 1828, qui la fit servir de base à la classification de toutes les terres de Pondichéry et de ses districts, en adamanams et en concessions, classification qui trouve sa justification dans l'état de choses même que cette ordonnance eut pour but de régulariser. Loin d'innover, elle n'a donc contribué, il faut le reconnaître, qu'à donner une forme plus régulière à tout ce qui existait déjà. Ainsi, le droit exorbitant que s'arrogèrent les fermiers généraux d'aliéner le sol à des conditions plus ou moins restrictives, était assurément très-contestable. Quoi qu'il en fût et dès-lors qu'il s'agissait d'un fait accompli, il eut été imprudent, que dis-je, peut-être même illégal, de ne pas l'accepter tel quel. C'est ce qu'a fait l'ordonnance, mais dans la juste limite qui lui était tracée et qu'elle ne devait pas dépasser, c'est-à-dire, que tout en déclarant que les anciennes concessions étaient de véritables propriétés, elle y a imposé les restrictions au sujet desquelles je me suis déjà expliqué, en confondant mon appréciation avec celle de M. Joyau, restrictions qui s'opposeraient à ce que le droit du concessionnaire à Pondichéry, fût reconnu comme tout aussi complet, tout aussi libre que celui du propriétaire d'un immeuble en France. Or, appartenait-il à l'ordonnance du 7 juin 1828 de décider autrement qu'elle l'a fait, de constituer la propriété foncière, dans l'Inde, sur des bases plus larges, plus profitables aux intéressés ? C'est ce qu'il importe d'examiner.

Ici, nous abordons tout naturellement la question de l'aliénation du sol par le Gouvernement colonial. Cette question ne laisse pas que d'être grave. Néanmoins, les données que nous avons, nous permettront, je l'espère, de la résoudre avec succès. Commençons par poser les principes.

Pour savoir quels ils sont et de quelle manière il convient de les interpréter, il nous suffira de recourir à la discussion du projet de loi relatif aux crédits extraordinaires demandés pour l'Algérie, en 1847 (Voir, au *Moniteur universel*, l'addition à la séance du lundi 24 mai 1847).

«*M. Odilon Barrot*. Je ferai la même réflexion sur la question si importante de la propriété publique et privée, mais surtout sur la question domaniale.

« Craignez, Messieurs, de violer un des principes fondamentaux de notre monarchie. Dans tous les temps, même en dehors de nos garanties constitutionnelles, l'inaliabilité, l'inviolabilité du domaine public ont été considérées comme une de ces vérités qui ne pouvaient s'évanouir ni devant les concessions, ni devant les actes exceptionnels que le laps de temps ne peut pas couvrir; le législateur a toujours le droit de revenir contre les violations partielles et accidentelles portées à ce principe.

« Nous avons vu, en 1790, le législateur ressaisir son droit, le droit national, et le faire remonter jusqu'à des actes qui avaient plus de deux siècles d'existence.

« Tant que vous n'aurez point régularisé l'aliénation du Domaine public dans l'Algérie, tant que vous ne l'aurez point rattachée à une disposition législative, *vos concessions et vos actes d'aliénation ne peuvent être considérés que comme des actes subordonnés et temporaires; ils ne peuvent donner cette profonde et absolue sécurité dont la propriété surtout a besoin.*

« Ce n'est pas que j'entende dessaisir le Gouvernement du droit de régler, dans le détail, les concessions selon les besoins de la colonisation, de la cultivation nouvelle qui s'élève en Afrique; mais à une condition, c'est que le droit dont il usera dans ces circonstances sera réglé, défini, non pas par une délégation générale, telle que celle de la loi de 1853, mais par une loi spéciale sur la propriété domaniale.

« Je n'ai pas besoin de rappeler tous les vieux principes : qu'un territoire est protégé par la loi d'aliénation du moment où il est entré dans le domaine public, du moment où il a fait accession au domaine public, où il a été administré comme domaine public, où il y a eu prise de possession par les agents du domaine public. Il n'y a point de distinction entre ce domaine qui résulte de la conquête et le domaine qui résulterait de tout autre acte d'acquisition. Je dis même plus : dans les remontrances de nos parlements, le domaine qui advenait par la conquête était plus sacré encore et plus protégé que le domaine qui advenait, ou par partage, ou par des contrats ordinaires, par cette raison toute simple que la propriété acquise par les trésors et par le sang de l'État était plus essentiellement et plus substantiellement une propriété nationale que toute autre propriété.

« Tels sont, Messieurs, les principes. Je n'entends point à ce moment de la discussion, engager une discussion approfondie sur ces graves et importantes questions ; je recommande seulement au Gouvernement de prendre en considération ces réflexions, de faire la part du domaine législatif et du domaine administratif, d'introduire enfin dans l'Afrique les garanties de la loi pour les objets qui appartiennent essentiellement au domaine législatif.

« On parlait naguère de la susceptibilité de la couronne. On a raison de défendre les droits de la couronne toutes les fois qu'ils sont attaqués ou menacés ; non pas que je fasse allusion aux circonstances dans lesquelles cet incident s'est élevé, car je crois que dans ces circonstances, on faisait la guerre à des formes, à des mots, à de vaines apparences, non pas à des réalités. Mais ici le Domaine législatif revendique ce qui lui appartient essentiellement, ce qu'il n'a pas le droit d'aliéner, les règlements de l'état des personnes, des pénalités et du domaine national.

« Sur ces trois points, l'ordonnance serait impuissante. Ils appartiennent essentiellement au pouvoir législatif, et à la loi seule il appartient de les régler.

« Ne craignez pas de faire intervenir le pouvoir législatif dans l'examen de ces questions ; par là, vous donnerez plus de fixité au droit, plus de sécurité à votre possession, vous introduirez plus profondément le pouvoir législatif dans les intérêts de la France, en Afrique. Et alors, au lieu de ces discussions, en quelque sorte universelles, encyclopédiques, qui viennent tous les ans embrasser tous les intérêts de l'Algérie, vous examinerez une à une, avec la responsabilité qui s'attache à tout acte législatif, chacune de ces grandes et importantes questions.

« Pour l'Afrique et pour les questions elles-mêmes, et dans l'intérêt des principes, je recommande ces réflexions à MM. les Ministres.

« *M. le Ministre des affaires étrangères.* Il n'y a point de question, quant à présent, entre le Gouvernement et l'honorable M. Odilon Barrot. Il vient, en effet, de reconnaître et de proclamer lui-même qu'aux termes de la loi de 1833, le régime légal actuel en Algérie, est le régime des ordonnances ; tout ce qui s'est fait sous ce régime et en vertu des ordonnances est donc légal, profondément légal, et doit être maintenu.»

« *M. Odilon Barrot.* Je ne vais pas jusque là.

« *M. le Ministre.* Maintenant, ce régime doit-il être modifié ? Et s'il doit être modifié, comment sera fait le départ entre ce qui est du domaine de la loi et ce qui restera du domaine de l'ordonnance ? C'est une question, ou plutôt c'est une série de questions que les Chambres auront à examiner, que le Gouvernement n'a point l'intention d'éluder, et dans lesquelles les principes que vient de rappeler l'honorable M. Barrot, trouveront leur place.

« Ce que je tiens à affirmer et à bien établir, c'est que le régime légal actuel, en Algérie, est le régime des ordonnances et que nous n'avons rien fait d'illégal en l'appliquant.

« Si des réflexions qu'il vient de présenter, l'honorable M. Odilon Barrot entendait tirer cette conséquence, que, par exemple, les concessions qui ont été faites en Algérie, sous le régime de l'ordonnance, ont un caractère précaire et provisoire, je repousserais vivement, fortement une telle conséquence. Car, en prétendant affermir l'état des choses en Algérie, l'honorable M. Barrot commencerait par tout ébranler.

« Je maintiens donc que tout ce qui s'est fait est légal et stable, autant que si cela avait été fait en vertu de la loi.

« Maintenant, je ne conteste pas qu'il n'y ait certaines matières qui sont plus essentiellement du domaine de la loi, et, comme le disait tout-à-l'heure l'honorable M. de Tocqueville, il y a tel but vers lequel il faut tendre, dont on doit se rapprocher de jour en jour, même quand on ne peut pas l'atteindre immédiatement. Je reconnais qu'il y a là des questions qui devront être posées par le Gouvernement et résolues par les Chambres, de concert avec le Gouvernement: les principes que vient de rappeler l'honorable M. Barrot trouveront là leur place.

« C'est dans ce sens que le Gouvernement a entendu l'article additionnel proposé par votre Commission. Si cet article avait été une restriction, une abrogation du pouvoir légitime qui appartient à l'administration, nous l'aurions repoussé. Nous

ne l'avons pas repoussé, parce que nous y avons
vu et nous y voyons ce que sans doute la Commission a voulu y mettre, l'engagement, de la part du
Gouvernement comme de la Commission, d'accom-
plir et de discuter, dans la session prochaine, les
réformes nécessaires à l'administration civile de
l'Algérie. C'est à cette discussion-là que nous n'a-
vons aucune intention de nous refuser.»

M. Odilon Barrot. Je n'ai nullement l'intention
de provoquer devant la Chambre un débat rétros-
pectif sur le passé ; je voulais surtout préparer
l'avenir; j'ai satisfait à ce but par les observations
courtes et sommaires que j'ai présentées à la
Chambre ; mais les principes sont inflexibles : ils
ne varient pas suivant les circonstances, ils ne se
subordonnent pas même à des intérêts quelque
respectables qu'ils soient, et lorsque nous aurons
à examiner législativement la question du domaine
national dans l'Algérie, nous aurons en même temps
à examiner si nous n'avons pas à sanctionner le
passé comme à régler l'avenir. »

Les principes qui viennent d'être exposés peuvent, je crois, parfaitement s'appliquer au cas
particulier qui nous occupe. Pondichéry, aussi bien
que l'Algérie, faisant partie des colonies soumises
au régime des ordonnances, d'après la loi de 1833,
aucun doute ne saurait subsister ni sur la parité
de la situation, ni sur l'identité des conséquences
à tirer. La solution que nous cherchons me paraît
donc toute trouvée.

Ainsi que l'a établi M. Odilon Barrot, une ordonnance étant un acte insuffisant pour constituer
la propriété foncière sur ses véritables bases,
mesure qu'à juste titre il déclare être du domaine
de la loi, on ne saurait, ce me semble, s'en con-

tenter pour statuer sur l'aliénation, à titre onéreux
surtout, de terres cultivables ou non, appartenant
à l'État. Quelles que soient les garanties dont on
puisse environner cette aliénation, jamais elle
n'aura ce caractère définitif, irrévocable, qu'il
est nécessaire qu'elle ait pour assurer et sauve-
garder les intérêts des propriétaires. L'intervention
d'une loi me semble donc indispensable pour statuer sur tout ce qui peut concerner l'aliénation
d'immeubles domaniaux dans l'Inde.

Cela posé, et bien que, d'après la loi de 1833,
les dispositions consacrées par l'ordonnance du
7 juin 1828, relativement aux anciennes concessions n'aient rien de précaire, ni de provisoire, il
est indubitable pour moi que cette ordonnance
n'a pu se dispenser d'apporter à la jouissance de ces
concessions, les restrictions posées par les articles
11 et 12, restrictions qui trouveraient leurs motifs
dans l'abus que les fermiers généraux firent de
leur droit d'usufruit, en aliénant à titre onéreux et
en concédant à titre de propriété pleine et entière,
des terres qui n'avaient jamais cessé d'appartenir
à l'État (1). Or, en présence de l'incertitude des
droits et des prétentions bien ou mal fondés et

(1) Je ne me rangerais pourtant pas de l'avis de ceux qui
voudraient s'exagérer outre mesure les conséquences de cet
abus, convaincu, d'après les études auxquelles je me suis livré,
qu'aucun des divers modes de possession usités dans l'Inde,
n'a jamais comporté une dévolution absolue de la propriété du
fonds. Et la preuve la plus simple à invoquer dans le cas particulier, c'est qu'une terre acquise à prix d'argent, et possédée,
par conséquent, à titre de propriété pleine et entière, ne s'est
jamais appelée *concession*, et n'a, dans aucun pays, ni dans
aucun cas, étésoumise aux diverses restrictions que j'ai fait
connaître plus haut.

auxquels pourtant il importait de donner une existence légale, le but de l'ordonnance du 7 juin 1828 n'a pu avoir été de fonder la propriété foncière dans toute sa plénitude et avec toutes ses conséquences. Elle s'est donc renfermée dans ses bornes les plus étroites, en régularisant un état de choses qui, à la vérité, laissait beaucoup à désirer, mais sans toucher toutefois à ce qui ne pouvait faire l'objet que d'une loi.

Il est bien vrai qu'antérieurement à la reprise de possession, qui eut lieu en 1846, l'aliénation du domaine colonial se trouvait soumise à des règles tellement variables, tellement incertaines, qu'il en résulta des abus que les Administrateurs généraux ne purent s'empêcher de signaler à l'attention de la métropole. On verra par la dépêche qui suit, à quel point les vrais principes furent méconnus et quels furent les moyens que l'autorité locale crut devoir proposer dès lors pour qu'il ne fût plus possible de s'en écarter à l'avenir.

« Pondichéry, le **22** septembre **1847**.

« *A Son Excellence le Ministre secrétaire d'État au département de la marine et des colonies.*

« Monseigneur,

« Votre Excellence, dans sa dépêche du **26** juillet **1846**, demande aux Administrateurs leur avis sur la concession de l'aldée d'Ambalom, faite à MM. Collin et Brulon, par MM. Chermont et Mottet le 4 août 1795.

« A notre arrivée à Pondichéry, plusieurs réclamations de ce genre nous ont été portées par des concessionnaires dont les titres étaient de la même date et de la même origine. Leur demande, présentée au Gouvernement anglais immédiatement après la prise de Pondichéry avait été la matière d'un examen. Sans chercher à contester aux Administrateurs français le droit de faire des concessions, le Gouvernement de Madras s'est contenté de répondre que la date seule de ces actes était à ses yeux une raison suffisante de leur nullité, puisqu'il était avéré que longtemps avant la transaction, toutes les aldées concédées étaient au pouvoir des Anglais et que les habitants de Pondichéry, renfermés dans leur ville assiégée, n'avaient plus rien au delà de leurs fossés. D'après cette décision, tous les territoires réclamés sont rentrés au Domaine et la remise nous en a été faite par l'acte de rétrocession de tous nos Établissements.

« Il est incontestable que les Commissaires envoyés aux Indes par la Convention, se sont arrogé un droit qu'ils ne pouvaient avoir, qu'ils ont abusé de l'autorité dont ils étaient révêtus pour forcer le consentement des Admininstrateurs, et qu'au mépris de la foi due aux actes du Gouvernement ils ont trompé les concessionnaires. *Ils n'ignoraient pas que les terres du Domaine sont inaliénables.* Mais ils voulaient faire de l'argent à quelque prix que ce fût. En vain se seraient-ils appuyés de l'exemple des administrateurs de l'Ile de France, qui tous les jours font des concessions que le Gouvernement ratifie. Les terrains d'habitation que l'on donnait à l'Ile de France ne sont d'aucun revenu quelconque, et n'appartiennent même pas encore à la culture. Cette libéralité royale envers l'habitant industrieux tournait au profit de la communauté qui recueillait, dès la première année, le fruit des travaux du Concessionnaire. A Pondichéry, au contraire, les commissaires ont dépossédé le Domaine du Roi, d'aldées peuplées, de terrains en plein rapport. Il ne peut y avoir aucune similitude entre les actes de l'Administration de l'Ile de France et ceux des Commissaires délégués à Pondichéry par la Convention. La régularité des uns contraste d'une manière sensible avec le vice des autres.

« Nous n'avons pu, d'après ces principes, accorder aux réclamants la jouissance de leurs concessions; mais la justice qui caractérise le Gouvernement du Roi, leur permet d'espérer le remboursement des sommes qu'ils ont payées et dont le Trésor a profité en partie. Nous prions Votre Excellence de nous donner des ordres précis à ce sujet.

« Indépendamment des quarante-quatre concessions faites par les Commissaires, dans les districts de Villenour et Bahour, envahis alors par l'armée anglaise, il y a eu des ventes de terrains dans la ville, sous la condition d'y construire des édifices. Cette stipulation a été remplie par l'acheteur et tout ce qui constitue une propriété légitimement acquise a eu son effet. Le payement du terrain a eu lieu, la mise en possession a suivi, l'érection des bâtiments s'est faite dans les délais prescrits, une jouissance de vingt-quatre ans a consacré la propriété, et enfin, au décès de quelques uns des acheteurs, le bien a passé en d'autres mains, en vertu d'arrêts du Conseil. Loin d'avoir éprouvé une lésion par la vente de terrains vagues, transformés en établissements utiles, le Gouvernement s'est procuré des fonds dont il avait besoin et la ville s'est embellie. Nous pensons, en conséquence, que Votre Excellence trouvera juste de ratifier les ventes d'emplacements dans la ville et de terrains incultes dans les campagnes.

« Nous sommes, etc.

« *Signé* Le comte DU PUY et J. DAYOT. »

Ce document est d'autant plus précieux qu'il nous met à même de connaître quel a été le point de départ de la question et à quel propos il a fallu rentrer dans la légalité pour s'y maintenir.

J'observe, d'ailleurs, que la demande adressée au Ministre, par M. le comte du Puy, de ratifier les ventes d'emplacements dans la ville et de terrains incultes dans les campagnes, fut depuis convertie en disposition règlementaire, par l'ordonnance organique du 25 juillet 1840 (article 18 § 2).

Le régime légal actuel, à Pondichéry, étant, comme dans toutes les colonies régies par la loi de 1833, celui des ordonnances, aucune terre appartenant au Domaine colonial ne saurait être concédée, sans une approbation spéciale de l'autorité métropolitaine. Cette doctrine est la seule admissible désormais. Elle a été du reste formellement maintenue et appliquée par la décision du Conseil du contentieux administratif rendue, le 15 mai 1845, dans l'affaire « Pouleau de la Sauvagère contre l'administration du Domaine, » décision dont un des *attendu* porte :

« Attendu que d'une part il est de principe qu'aucune terre appartenant à l'État ne peut être aliénée, à quelque titre que ce soit, sans une approbation, pour la France, soit du pouvoir royal aux époques antérieures à la révolution, soit du pouvoir législatif, depuis l'établissement d'un Gouvernement constitutionnel, et, dans tous les temps, du pouvoir royal pour les colonies laissées sous le régime des

ordonnances; que, d'autre part, en fait, il est certain
que, dans les Établissements français de l'Inde, de
nombreuses concessions de terres, faisant partie du
domaine de l'État, ont été consenties par les divers
Gouvernements qui se sont succédé, sans qu'il
apparaisse qu'aucune ait été suivie d'une approbation formelle du pouvoir royal ; qu'il faut con-
clure de la rigueur des principes ci-dessus et de
la manière dont ils ont, dans l'Inde, reçu leur
application, que la sanction du pouvoir royal est
indispensable à la validité d'un acte de concession ;
mais, en même temps, que cette sanction peut résulter d'un acte positif ou d'un consentement tacite que laisserait supposer un silence plus ou
moins prolongé.»

Au résumé, ayant admis que, lorsque le Gouvernement concède, il n'aliène le sol que sous des
conditions extrêmement restrictives, l'ordonnance
doit être considérée, ce me semble, comme un acte
suffisant ; mais elle ne saurait l'être à mes yeux, si
l'on croyait que la dévolution de la propriété absolue du fonds fût aussi complète par la concession
que par la vente. Dans ce dernier cas, l'intervention d'une loi est de rigueur, ainsi que je crois
l'avoir démontré.

La question me paraît suffisamment éclaircie.
Les modifications qu'il s'agit d'apporter à l'ordonnance du 7 juin 1828 ne devant rien préjuger sur
l'aliénation à titre absolu et incommutable du domaine colonial, il convient, dès lors, d'en écarter,
d'en faire disparaître tout ce qui s'y rapporterait
d'une manière directe ou indirecte. Quant aux
concessions de terres actuellement en rapport ou
non, pour quelques cultures que ce soit, le Gouvernement ne peut les refuser, à quelque classe

4

ou nation que l'on appartienne. Mais les conditions de la possession devront être les mêmes que celles déjà consacrées par l'ordonnance précitée, à la section 2 du chapitre 1er du titre 1er, ainsi qu'à la section 5 du chapitre 5 du même titre.

Troisième Question.

Doit-on autoriser d'une manière générale et absolue la conversion des adamanams en concessions? Cette conversion se fera-t-elle à titre gratuit ou à titre onéreux ?

D'après les explications que j'ai données, la concession, pas plus que l'adamanam, n'implique la propriété libre et absolue du fonds. Ce sont, il est vrai, deux modes distincts de possession, l'un plus ou moins avantageux que l'autre, selon le point de vue auquel on se place ; mais de différence radicale, essentielle entre les liens qui rattachent les adamanaires et les concessionnaires au sol, je n'en vois pas. Bien mieux, l'application faite, depuis 1855, aux adamanaires, de la disposition finale de l'article 12 de l'ordonnance du 7 juin 1828, les assimilant complètement aux concesssionnaire, relativement aux formalités à observer pour la dépossession en cas de non payement de la redevance ; et, d'un autre côté, les dégrèvements accordés aux uns, équivalant, ou à peu près, à la diminution de 10 p. 0/0 dont profitent les autres, je dis et maintiens, en principe, qu'il n'y a plus aucune distinction à établir entre ces deux catégories de propriétaires redevanciers. Tout se réduirait à une plus grande liberté de jouissance accordée au concessionnaire qui dispose de sa récolte, sans fournir caution et ne paye sa rente qu'annuellement, tandis que l'adamanaire, astreint à s'acquitter par termes, ne peut enlever sa récolte qu'après avoir déposé le terme échu ou donné caution.

A la vérité, cette confusion de deux modes de possession, que l'ordonnance du 7 juin 1828 a soigneusement distingués, résulte, on le sait, d'une dérogation, non pas formelle, mais tacite, aux termes de l'article 22, qui veut que les adamanaires *soient évincés de leurs terres, lesquelles rentreront purement et simplement au Domaine, sans donner lieu à aucune indemnité*, et non *expropriés* au même titre et avec les mêmes formalités, que les concessionnaires, ainsi que cela se pratique, contrairement, bien entendu, à l'esprit et à la lettre de l'ordonnance.

Cela dit sans nullement révoquer en doute la nécessité d'apporter à l'article 22 précité les modifications consacrées, d'ailleurs, par le temps et par l'usage. Celles adoptées par la Commission d'agriculture, à la séance du 1er août 1845, ne laissent rien à désirer (1). Il est seulement à regretter qu'additionnellement à ces modifications, l'éviction pure et simple n'ait pas été proposée comme applicable quand même, aux adamanams acquis, soit à la barre des Tribunaux, soit par actes privés ou authentiques et dont les acquéreurs ne se seront pas fait inscrire au Domaine, addition que je recommande à l'attention de la Commission.

_____

(1) Voir l'annexe n° 2.

Ainsi, l'article **22** modifié dans le sens indiqué plus haut, je doute que la concession vaille•mieux que l'adamanam, le droit de l'adamanaire au dégrèvement, en cas de perte de récolte, et aux avances annuelles pour frais de culture, l'emportant de beaucoup, à mes yeux, sur la diminution de 10 p. 0/0 de redevance et sur la liberté de disposer de sa récolte sans payer ni fournir caution, dont jouit le concessionnaire. Quoi qu'il en soit, la croyance où l'on est que le concessionnaire est réellement propriétaire de sa terre, tandis que l'adamanaire ne serait qu'usufruitier de la sienne, étant trop enracinée pour essayer de la combattre ici, j'admets qu'il y aura avantage pour l'adamanaire de payer 10 p. 0/0 de moins et d'emporter sa récolte, sans avoir acquitté sa redevance ni fourni caution, et, par conséquent, que la conversion de son adamanam en concession ne pourra que lui profiter. Envisageons un peu quels seront les résultats de cette innovation.

Premièrement, l'adamanaire, devenu concessionnaire, n'aura plus droit aux dégrèvements ni aux avances annuelles. Je remarque que c'est une erreur de croire que la suppression des dégrèvements et des avances annuelles suffira pour indemniser le Gouvernement de la réduction de 10 p. 0/0 de redevance à accorder aux nouveaux concessionnaires. On oublie que les dégrèvements ne sont qu'une éventualité, que les avances annuelles n'ont lieu, qu'à la condition d'être remboursées sur le prix des premiers grains vendus, tandis que la réduction de 10 p. 0/0 sera une perte réelle et effective pour le Trésor.

Secondement, en admettant que la conversion proposée prît de l'extension, ce qui ne manquerait pas d'avoir lieu, si elle était autorisée d'une manière absolue et sans compensation aucune pour le Gouvernement, toutes les dispositions consacrées par l'ordonnance du 7 juin 1828, relativement aux adamanams, resteraient sans application : frappées au cœur, on pourrait les supprimer. Car, dans mon opinion, l'économie générale de cette ordonnance repose fondamentalement sur la régularisation des divers modes de possession en usage à Pondichéry, qu'elle a abolis et remplacés par l'adamanam et par la concession. Ces deux systèmes confondus en un seul, l'inutilité des dispositions actuellement en vigueur ne sera plus contestable. Dans cette prévision, pourquoi ne pas s'en préoccuper dès à présent?

Troisièmement, on reconnaît, assez généralement, que le système adamanaire, tel que l'a créé l'ordonnance du 7 juin 1828, « doit être conservé dans l'intérêt même des Indiens : il leur donne droit à des dégrèvements, à des avances annuelles, et doit, par cela seul, convenir à un peuple pauvre et sans ressources, que les risques courus par les concessionnaires ruineraient infailliblement (1). » Cependant, admettre que la masse des adamanaires ne se compose que de gens pauvres et sans

(1) Opinion de M. Faciolle, consignée au procès-verbal de la séance du 10 juin 1844 et à l'appui de laquelle je rapporterai celle exprimée par M. Paul de Rosière, président de la Commission d'agriculture en 1853 : « Les questions soumises à la Commission, a dit M. de Rosière, sont de la plus haute importance et de la plus grande difficulté; plusieurs systèmes sont en présence et il est peu prudent de toucher à un édifice comme celui du mode de possession des terres dans l'Inde, avant d'avoir mûrement réfléchi sur les bases de celui qu'on pourrait lui substituer.»

ressources, ce serait vraiment s'abuser. Il s'en trouve parmi eux de très-riches, dont l'adamanam embrasse une très-grande étendue de terres et qui, devenus concessionnaires, ne courraient pas plus de risques que les concessionnaires actuels, tout en offrant les mêmes garanties de payement. D'où il suit encore que la conversion proposée ne devrait être rendue accessible que sous des conditions qui, sans nuire à la culture, seraient pourtant de nature à ménager les intérêts du Gouvernement.

Quatrièmement, affranchis, en effet, de l'obligation de payer par terme et de ne disposer de leurs récoltes qu'après dû payement ou caution fournie, les nouveaux concessionnaires se laisseront probablement forcer la main, comme les anciens; c'est-à-dire qu'ils attendront que toutes les formalités d'expropriation soient accomplies, que l'enchère même soit commencée, pour venir acquitter le montant de leur rente. Ainsi, non-seulement le Domaine se sera bénévolement et très-imprudemment dessaisi du gage le plus précieux, le plus solide qu'il avait dans la récolte, du payement de ce qui lui était dû, et cela, pour se livrer à des chances, à des éventualités qui ne peuvent tourner qu'à son détriment, car, après tout, m'assurera-t-on qu'en expropriant un concessionnaire, le Domaine est toujours sûr de rentrer dans sa créance? Joint à cela que les embarras de la nouvelle situation seront tels, à mon avis, que la perception en souffrira, que les comptes se rendront difficilement, inconvénients qui s'opposeront toujours à une gestion bonne et régulière.

D'où je conclus que la conversion proposée ne saurait être autorisée d'une manière générale et absolue; qu'elle ne devrait l'être, au contraire, qu'à des conditions excessivement restrictives, telles qu'elles puissent être prises au sérieux par ceux qui voudront en profiter, et tourner à leur avantage, sans devenir, pour eux, une occasion de ruine.

Les considérations qui précèdent vont nous mettre à même de nous prononcer sur le mérite des propositions formulées par MM. Joyau et Le Faucheur, relativement à la conversion des adamanams en concessions.

La proposition, Nº 12, annexée au rapport de M. Joyau, porte :

« Que les dispositions de l'ordonnance, qui excluent les Indiens et les étrangers du droit à la concession et exigent la condition d'une culture spéciale et toutes autres dispositions qui sont la conséquence de ce système, soient rapportées ; qu'en conséquence, toute personne, à quelque classe et à quelque nation qu'elle appartienne, soit admise à jouir du bénéfice des articles 32, 34 et 55 de l'ordonnance, sans être obligée aux cultures spéciales, qui font l'objet de la section 5 du chapitre 5, ni à rien de ce qui est la conséquence de ce système.

« Que, par suite, la faveur de la réduction, accordée par l'article 55, s'applique à tout cultivateur, à quelque classe et nation qu'il appartienne, et que, pour Villenour et Bahour, cette réduction soit calculée sur le chiffre établi par la Commission, dans sa cinquième proposition concernant le même article 17 (sur 45, 58 et 27), tandis qu'à Pondichéry, elle continuera à être calculée sur les chiffres 48, 45 et 52.

« Que, lors de la conversion de l'adamanam en concession, il ne soit rien chargé au préjudice du tenancier, à la classification déterminée par le *patta* (1), lors même qu'il serait reconnu que la terre, par la nature et l'importance de ses produits, devrait appartenir à une classe plus élevée que celle dans laquelle elle a été rangée, si toutefois le cultivateur justifie que, lorsque lui ou son auteur est devenu adamanaire, la terre appartenait véritablement à la classe dans laquelle elle a été rangée, et que c'est exclusivement par ses labeurs qu'il l'a améliorée et mise en état d'être portée dans une classe supérieure.

« Mais que, quand il sera reconnu que l'amélioration de la culture est due aux travaux exécutés par le Gouvernement et à ses frais, le taux de la redevance soit déterminé (toujours avec la réduction proposée) d'après la classe à laquelle appartiendra la terre, au jour de la conversion, quelle que fût la classe dans laquelle on l'avait primitivement rangée.

« Et qu'encore alors, dans cette nouvelle fixation, on tienne compte de ce que l'amélioration de la terre pourrait devoir aux labeurs du cultivateur, indépendamment des travaux exécutés par le Gouvernement. »

Voici en quels termes M. Le Faucheur a discuté et réfuté la demande de M. Joyau, tendante à autoriser la conversion de l'adamanam en concession, sans conditions ni restrictions :

« L'expérience ayant démontré l'insuffisance du système exceptionnel, au moyen duquel on avait voulu favoriser l'introduction des cultures nouvelles sur le territoire, il est inutile d'y persister

---

(1) *Patta* : titre délivré, par le Gouvernement, aux adamanaires.

plus longtemps, et le temps est venu de rentrer dans la règle commune : ce sera l'objet de l'une des dispositions du projet d'arrêté que nous soumettrons plus tard à vos délibérations.

« Si l'on admettait, au contraire, les innovations proposées par la Commission d'agriculture (1), on détruirait les bases principales du système des concessions et des adamanams, consacré par la législation locale et par un usage immémorial. En effet, la Commission propose de rétablir les Indiens et les étrangers dans leur droit à la concession des terres domaniales. Mais quel droit peuvent avoir des tiers sur les terres du Gouvernement? Le Gouvernement n'a-t-il pas, comme les particuliers, la disposition pleine et entière de sa propriété? Si cette propriété est grevée du droit que la Commission d'agriculture attribue aux Indiens et aux étrangers, où en est la preuve? quels en sont les titres? La Commission propose d'admettre les Indiens à jouir du bénéfice de l'article 35 de l'ordonnance, c'est-à-dire, à convertir leurs adamanams en concessions, sans être assujettis à l'obligation de les mettre en cultures spéciales, conformément au même article. Mais elle a perdu de vue que cette obligation, comme nous l'avons déjà fait observer, était, dans le système de l'ordonnance, la compensation du prix de la nue propriété dont le Gouvernement faisait abandon sur les adamanams convertis en concessions : aujourd'hui, que le système des cultures spéciales est abandonné, l'obligation dont il s'agit cesse naturellement. Mais pourquoi le Gouvernement abandonnerait-il la

(1) Dont M. Joyau était le rapporteur.

nue propriété de ses terres à adamanam, sans indemnité, sans avantage, ni compensation d'aucune espèce? Si les adamanams sont convertis en concessions, sans conditions ni restrictions, comme le propose la Commission, la rente n'est payable qu'après l'année échue ; l'adamanaire devenu propriétaire dispose des récoltes à son gré, et s'il n'acquitte point sa rente, le Gouvernement est obligé de procéder à l'expropriation de la concession. Ainsi, le Gouvernement se sera dessaisi de la nue propriété de ses adamanams, les récoltes qui étaient le gage du payement de la redevance lui sont enlevées ; il attendra une année le payement de sa rente, et s'il ne la reçoit pas à l'époque fixée, il faudra recourir à l'expropriation de la concession, en supporter les embarras et les délais.

« Tout en rendant justice aux intentions de la Commission d'agriculture du conseil général, on doit cependant faire observer que, dans son désir immodéré d'améliorer le sort des cultivateurs, elle a presque toujours négligé ou sacrifié le droit et les intérêts du Gouvernement.

« A l'égard de la faveur réclamée par la Commission, dans le troisième paragraphe, elle a dû être accordée (article 55) dans le système exceptionnel auquel on renonce aujourd'hui, parce qu'après l'introduction des nouvelles cultures imposées aux concessionnaires, après l'exécution des travaux d'irrigation et autres nécessaires à l'exploitation de leurs terres, après la nouvelle division qu'aurait exigée la nature des cultures, comment aurait-il été possible de déterminer avec exactitude et précision les bases d'après lesquelles il aurait fallu établir les redevances nouvelles, en exécution de l'article 17 de l'ordonnance? Ce n'eût été qu'approximativement qu'on eût évalué le produit en riz ou en menus grains des terres dont la destination avait été changée, et dès lors il valait mieux conserver l'ancienne redevance que d'en établir une nouvelle, pour ainsi dire, au hasard. Mais après l'abolition du système de concession établi par l'ordonnance du 7 juin 1828, la faveur réclamée par la Commission d'agriculture serait contraire au principe établi par la Charte constitutionnelle, que chacun doit concourir aux charges publiques dans la proportion de sa fortune, principe consacré par l'article 17. Elle ne paraît donc pas susceptible d'être prise en considération. »

Je n'insisterai pas davantage sur les raisons qui militent pour le rejet de la proposition formulée par M. Joyau, de permettre d'une manière générale et absolue, c'est-à-dire, sans conditions ni restrictions, la conversion des adamanams en concessions. Les motifs développés par M. Le Faucheur me paraissent on ne peut plus positifs et suffisants. Or, tout devant nous porter à adopter l'avis contraire à celui de M. Joyau, il convient d'examiner les propositions faites à ce sujet par M. Le Faucheur qui, dans l'arrêté où il a résumé les diverses modifications à apporter à l'ordonnance du 7 juin 1828 (1), a introduit un article 15, ainsi conçu :

« Article 15. Les adamanams pourront être convertis en concessions et jouir des avantages attribués à ce mode de possession, par les articles 4 et 7 du présent arrêté, à la charge, par leurs possesseurs, de payer au Trésor, pour la valeur du fonds,

(1) Voir l'annexe n° 7.

dont le Domaine s'était réservé la propriété, deux ans et demi de la redevance cadastrale à laquelle ils seront imposés. »

Les principes que j'ai rapportés et maintenus plus haut, relativement à l'aliénation du Domaine colonial, s'opposent à l'adoption pure et simple, textuelle, de cet article. En effet, si le Gouvernement recevait deux ans et demi de la redevance cadastrale à laquelle seront imposés les possesseurs d'adamanams à convertir en concessions, et cela, pour la valeur, bien entendu, du fonds dont il s'est réservé la propriété, il vendrait, il aliénerait le sol, mesure qu'une simple ordonnance ne saurait consacrer, attendu qu'elle rentrerait essentiellement dans les matières à régler par une loi, ainsi que je l'ai déjà expliqué.

Le droit du Gouvernement à une indemnité quelconque, non pas pour la valeur du fonds dont il s'était réservé la propriété, mais bien pour la diminution de 10 p. 0/0 de redevance devant résulter de la conversion des adamanams en concessions, me paraissant incontestable, je pense que l'on peut adopter la disposition contenue à l'article 15 précité, sauf à en modifier la rédaction dans le sens que je viens d'indiquer.

Indubitablement, la condition des nouveaux concessionnaires sera beaucoup plus avantageuse que celle des adamanaires qui, devenus acquéreurs de leurs adamanams à la barre du Tribunal, n'en continuent pas moins à payer la redevance imposée, tandis que ceux-là, par le fait d'une conversion effectuée, il est vrai, à titre onéreux, profiteront non-seulement d'une plus grande liberté de jouissance, dans leur exploitation, mais encore d'une réduction de 10 p. 0/0 sur la rente qu'ils acquittaient originairement.

Quatrième question.

A toutes les époques, et plus particulièrement depuis l'institution d'un conseil général à Pondichéry, on s'est beaucoup préoccupé de la réduction de l'impôt foncier, et, comme moyen facile et prompt d'y atteindre, on a fini par demander la conversion des adamanams en concessions, à titre gratuit, c'est-à-dire sans conditions ni restrictions. Ce qui se réduirait, en un mot, à une perte effective de 10 p. 0/0 à supporter par le Trésor, sur les revenus territoriaux, sans compensation aucune. Ayant déjà fait connaître mon opinion à cet égard, je ne peux que m'y référer.

Mais la gravité qu'offre la question par elle-même exige un examen plus approfondi, plus sérieux. Je vais donc m'attacher à rechercher ici jusqu'à quel point sont justifiables les prétentions des cultivateurs, d'une part, et, de l'autre, les vœux du conseil général ; enfin, s'il importe que le Gouvernement les accueille favorablement.

Depuis leur premier établissement, dans l'Inde, jusqu'à ce jour, les Anglais n'ont jamais cessé de se livrer aux investigations les plus minutieuses, non-seulement sur tout ce qui peut intéresser l'agriculture, en général, mais encore sur les divers modes de possession des terres et de perception des revenus territoriaux usités dans les pays soumis à leur pouvoir. En fait de tradition, d'usages, de coutumes, il faut le reconnaître, rien n'est resté obscur: les renseignements abondent sur les particularités les plus indifférentes. L'assiette et le mode de recouvrement des redevances territoriales ne pouvaient, comme on le pense bien, rester inaperçus. Aussi, les informations recueillies à cet égard, décèlent-elles le soin et l'attention qu'on y a apportés, et, rien de plus positif, de plus précis que les règles d'après lesquelles le Gouvernement hindu procédait à l'imposition des terres. L'explication qu'en a donnée Campbell, dans son opuscule publié à Madras, en 1854, sous le titre de « *A Paper on the landed tenures in India* » mérite vraiment d'être rapportée :

« Dans l'Inde, dit Campbell, l'irrigation ajoute étonnamment à la puissance productive du sol, et quand la source qui sert à arroser est telle qu'elle entraîne avec elle des engrais fécondants, qui surnagent et forment ensuite comme une couche sur la terre, elle peut, jusqu'à un certain point, tendre à niveler la puissance productive de sols originairement distincts. A l'état précaire de toute irrigation, se rapporte l'usage ancien de calculer l'impôt public en argent dû pour les terres arrosées, et ce d'après une certaine portion de produit convertie à un prix fixé de concert entre le Gouvernement et les contribuables. C'est à la fertilité extraordinaire des terres arrosées, ainsi qu'à la tendance de l'arrosement au moyen des grandes rivières, d'égaliser la production de ces terres, combinée avec la dépense et la peine, comparativement légères, qu'exige leur culture, que doit être attribuée l'allocation de la moitié du produit seulement, allocation qui, sous les gouvernements natifs, était considérée, dans toute l'Inde, comme une rémunération suffisante accordée au cultivateur pour les peines et le capital appliqués à toutes les terres de cette nature, et qui, à la vérité, continue d'être la même, encore à pré-

sent, dans le Tanjaour, où la tenure du *Ryot* (1)
est vendable à un prix très-élevé. »

Il est incontestable que, dans l'Inde, la rente foncière doit être toujours fixée, eu égard aux causes
qui contribuent à fertiliser le sol. Plus ces causes
offrent des chances de réalisation et de continuité,
plus la taxe sera élevée. C'est pourquoi un impôt
de 50 p. 0/0 sur des terres directement arrosées
par des étangs, des sources, des rivières ou par
des canaux en provenant, est considéré comme
léger, comparativement au produit qu'on en retire. Toute imposition territoriale effectuée sans
une appréciation préalable des moyens d'irrigation
sera donc défectueuse et partant injuste. Ce que
l'expérience confirme tous les jours.

Quant aux frais de culture, qui coûtent moitié
moins qu'en France, on doit s'en préoccuper, il
est vrai, mais comme d'une particularité tout-à-
fait secondaire. Le cultivateur indien, attaché à ses
préjugés et peu disposé à vaincre sa paresse, son
indolence, ne fera jamais plus ni autrement que
ce qui a été fait avant lui. Vivant, pour ainsi dire,
au jour le jour, il ne se décidera jamais à défricher
une terre qu'autant qu'on l'y aura obligé, en lui
fournissant les moyens nécessaires. Toute idée d'a-
mélioration lui est sinon étrangère, mais même im-
portune, la chaleur du climat le portant à une
complète et longue inaction. Pour lui, la terre, déjà
si fertile dans l'Inde, devrait rapporter à moins de
frais encore qu'elle ne coûte à produire et surtout
sans travail aucun, si cela était possible. Aussi, le

____

(1) *Ryot* (prononcez *Ràuiyat*), mot arabe qui signifie un
paysan, un cultivateur, un tenancier.

manque de pluies, l'ensablement d'une source, l'obstruction d'un canal, sont-ils autant de circonstances fâcheuses dont il ne sait ou ne veut pas triompher, et en présence desquelles il s'arrête, se laisse abattre, pour courir bientôt à une ruine certaine. Et pourtant quelle différence entre sa position et celle du paysan en France! On connaît les obstacles de toutes sortes à surmonter par ce dernier, ses rudes et longs efforts pour parvenir à fertiliser un sol qui ne produit qu'à grands frais, les exigences d'un climat où les moindres nécessités de la vie se font vivement sentir. Or, il est de fait que l'exploitation du sol lui profite moins qu'au cultivateur indien, dont le bénéfice est incontestablement supérieur au sien.

Ainsi, en France, sur un demi-hectare qui, dans le voisinage des villes, serait loué de 40 à 50 francs l'hectare, on a, savoir :

Dépense.

1° Loyer de la terre et imposition. . . .   24 fr.

2° Labour. .
- Fendre. . . . .   6 fr.
- Relever.   6
- Abattre.   6
- Refendre.   6
- Acurer.   6

——   50

3° Fumier, 84 francs pour deux ans, reste pour une année.   42
4° Semence, huit décalitres, à 1 fr. 50 c. .   12
5° Sciage, liûre, transport.   16
6° Battage et vannage.   16

——
A reporter.   140

Report. . . . .   140 f.

Produit.

1º Quatre-vingts décalitres à 1 fr. 50 c.   120 f.
2º Toute paille, 2 milliers de kilog.
   (4 milliers de livres) à 15 francs.   60
                   — 180

Bénéfice net (1) . .   40

Dans l'Inde, et particulièrement à Pondichéry, lors même que l'on admettrait que la moitié des cultivateurs ne fait pas, bon an, mal an, une récolte brute de plus de 84 francs (2), ce qui, dans tous les cas, mérite confirmation, voyons quel serait le bénéfice net sur la culture en nelly d'un cani de terre dont la contenance égale à peu près celle d'un demi-hectare. On aura :

1º Redevance annuelle de 32, 43 ou 48 p. 0/0 selon les terres, terme moyen 41 p. 0/0, soit sur les 84 francs de produit brut. . . . .   54 f.   44 c.

2º Frais de culture variant de 50 (3) à 53 (4) p. 0/0, terme moyen 51 1/2 p. 0/0, soit sur la même somme. . .   26   46

Bénéfice net restant au cultivateur.   23   10

Total égal. . .   84   00

(1) Extrait de la *Bibliothèque populaire*; page 55 du Traité d'agriculture.

(2) Rapport de M. le receveur du Domaine, en date du 29 janvier 1846, répondant à la dépêche ministérielle du 17 juin 1844.

(3) Voir les notes sur la culture des districts du territoire de Pondichéry, par M. Joseph Cordier, ci-devant gouverneur civil par intérim, des Établissements français de l'Inde.

(4) Cette évaluation à 53 p. 0/0 résulte d'une lettre écrite au receveur du Domaine, par le béchecar de Villenour, aujourd'hui thassildar, Sanjivinaïker. Voir l'annexe nº 5.

Or, le rapport de 40 à 180, étant de 22. 22/100 p. 0/0 et celui de 23 fr. 10 c. à 84 fr. de 27. 1/2 p. 0/0, il s'ensuit que l'avantage reste à l'exploitation locale, qui bénéficie, en plus, de 5. 28/100 p. 0/0.

Ce n'est pas tout. La culture du nelly n'est pas la seule en usage dans l'Inde. Celle des menus grains et de l'indigo, beaucoup plus lucrative, assure au cultivateur indien des avantages incontestables. Voici, d'après les explications que j'ai pu obtenir d'un habitant de Bahour, district le moins favorisé, en fait de travaux pouvant aider à l'irrigation, ce que rapporte un petit cani de terre cultivée soit en menus grains, soit en indigo :

Frais de culture pour les menus grains.

15 Charrues pour 6 labours (15 c. pour la charrue et 15 cent. pour les bœufs). . . .	4 f.	50 c.
Engrais.	2	40
Semailles.	0	30
2 Sarclages (15 coulis à 30 cent).	4	50
Coupe (15 id. id.) . . .	4	50
Rétribution en nature (un demi-gallon) (1). . . . . . , ...	1	20
	17	40
Redevance annuelle (taux moyen).	9	60
	27	00
Produit de la récolte, 30 gallons évalués.	50	40
Bénéfice net de plus de 46 p. 0/0.	23	40

(1.) Le *Kalam*, qu'on écrit *gallon*, sert à mesurer le *nelly* et autres grains. Il contient 48 mesures pesant 800 grammes chacune.

Frais de culture pour l'indigo.

Les trois coupes d'indigo estimées au plus bas prix, valent. . . . . 84 f. 00 c.

A déduire :

1° Les mêmes frais que pour les menus grains. . 17 f. 40 c.

2° Redevance (au même taux). 9 60

3° Frais de conversion des feuilles en pains. . . 12 00

4° Achat de la graine d'indigo, pour semailles. 1 80
____
40 80

Bénéfice net de plus de 51 p. 0/0. 43 20

Ces résultats sont patents. Confirmés d'ailleurs par l'augmentation toujours croissante, depuis quelques années, des terres mises en culture dans les trois districts du territoire de Pondichéry (1), ils s'opposent virtuellement à ce que l'on admette, d'une manière absolue, l'exagération des redevances fixées par l'ordonnance du 7 juin 1828, redevances

(1) Le fait est que les habitants se plaignent de ce qu'il n'y a plus de lieu de pacage pour leurs bestiaux qu'ils ne savent où réunir, et qu'il faut, par conséquent, disperser à l'aventure. Si l'exploitation du sol est en voie de progrès, il est impossible d'admettre que la condition du cultivateur soit aussi mauvaise que l'on veut bien le dire, conséquence qui réduit à sa plus juste valeur, tout ce que l'on trouve d'inique et de barbare dans le système qui régit d'agriculture à Pondichéry.

qu'il ne s'agit que de mieux répartir, si l'on veut qu'elles soient moins défavorables à l'agriculture et aux cultivateurs. Pour y parvenir, je ne connais d'autre voie qu'un cadastre parcellaire, mais bien dirigé, mesure dont les avantages, incontestables d'ailleurs, doivent profiter tant au Gouvernement qu'à ses administrés. Il est vrai de dire que les grands adamanaires, possesseurs de terres d'une étendue considérable et que des empiètements successifs ont dû probablement augmenter encore, ne peuvent qu'appréhender les résultats d'une opération tendant à rendre aux champs leurs dimensions primitives, tout en constatant les améliorations apportées au sol et à sa culture. Je prévois ici la grande objection qu'on n'a cessé et qu'on ne cesse même encore de faire au Gouvernement « Pourquoi, lui dit-on, avez-vous attendu si longtemps pour délimiter les terres, les classer suivant leur qualité que vous tenez à déterminer d'après le produit qu'elles donnent actuellement, les taxer enfin? Les abornements, la classe, la redevance déjà fixés par vous, au moment de la délivrance de la terre, n'étaient donc pas réels, invariables? La faute en est à vous. Aujourd'hui que j'ai amélioré mon champ, que j'en ai presque doublé le rendement, vous venez me dire : la redevance n'est pas en rapport avec le produit, il faut la modifier. Mais c'est injuste ; car, vous m'enlevez le fruit de mon travail, vous m'empêchez de jouir d'une augmentation de revenu due à mon industrie. »

Heureusement que cette objection n'est que spécieuse. La levée du plan cadastral du territoire de Pondichéry, ordonnée par l'arrêté local du 10 août 1826 et prescrite de nouveau par l'ordonnance du 7 juin 1828 (article 53), n'a jamais été complètement exécutée, il est vrai; mais tous ceux qui continuent de prendre des terres sont avertis qu'elle s'effectuera tôt ou tard et qu'ils en subiront les conséquences. Ils ne peuvent donc pas se plaindre qu'on les surprend. D'ailleurs, si d'après le cadastre, la redevance actuelle d'une terre n'est nullement proportionnée au rendement qu'elle donne, la différence dont le tenancier a profité jusqu'à ce jour, n'est-elle pas une perte pour le Trésor, en admettant toutefois que l'augmentation de revenu soit due aux travaux d'irrigation faits par le Gouvernement? est il juste qu'il continue à en profiter? D'un autre côté, supposons la terre surtaxée, n'importe-t-il pas à celui qui la cultive de voir cette redevance réduite à son véritable chiffre? C'est à ce double inconvénient que doivent remédier le mesurage et la taxation que le cadastre a pour but d'effectuer. En effet, depuis la reprise de possession et à partir surtout de 1828, les moyens d'irrigation se sont améliorés et ont augmenté. Ce qui a dû nécessairement influer sur la production des terres situées de manière à en profiter. Or, ne doit-on pas s'assurer, à l'égard de ces terres, du degré d'amélioration qu'a dû éprouver le sol? Mais il se peut aussi que des terres d'une qualité supérieure et taxée, par conséquent, à une redevance élevée, se trouvent aujourd'hui, par suite peut-être d'une nouvelle direction donnée au cours d'eau qui les arrosait ou par des circonstances d'une nature telle que l'on se serait vu obligé de les laisser incultes, ce qui a pu causer, avec le temps, une diminution dans le produit qu'elles donnaient, lorsqu'elles étaient bien arrosées et cultivées, il se peut, dis-je, que ces terres se trouvent être aujourd'hui d'une qualité inférieure: n'est-il pas juste que la redevance en soit modifiée (1)? Et l'on se récrie en qualifiant le cadastre de mesure arbitraire, impolitique! Je ne le pense pas; rien, au contraire, ne me paraît plus juste, plus favorable aux intérêts du Gouvernement et des contribuables. Avec les précautions recommandées aux agents chargés des opérations du cadastre, précautions qui sont de véritables garanties assurées aux cultivateurs libres de faire telle ou telle réclamation, à l'autorité supérieure, dans le cas où ils auraient à se plaindre de vexations ou d'injustices exercées contre eux, par la commission du cadastre, je ne crois pas qu'ils puissent se refuser à l'exécution du plan cadastral de leurs terres. S'ils le font, ce ne peut être qu'à l'instigation de quelques riches adamanaires ayant intérêt à dissimuler au Gouvernement, la contenance réelle de leurs terres (2)

(1) Il est certain, ainsi que M. Le Faucheur l'a fait remarquer avec beaucoup de raison « que les avantages qui doivent résulter de l'exécution du cadastre, pour les cultivateurs et surtout pour le Gouvernement, sont perdus et celui-ci est encore privé par là du fruit des travaux considérables que, depuis dix ans, il a fait exécuter à grands frais, pour l'irrigation des terres, puisque les cultivateurs qui profitent des eaux, sans avoir participé aux dépenses, et dont les terres ont décuplé de valeur, ne payent cependant aucun supplément de redevance et jouissent ainsi de l'immunité, tandis que les charges qui pèsent sur le reste des contribuables, leur laissent à peine le nécessaire. Ce qui établit une inégalité choquante dans la répartition de l'impôt. » (Rapport fait à la Commission d'agriculture, le 26 janvier 1843).

(2) Je lis dans l'exposé des motifs de l'ordonnance du 10 août 1826, relative à la levée du plan terrier des districts de Pondichéry, de Villenour et de Bahour: « M. Bayoud, arpenteur du roi, concluait des calculs qu'il avait faits dans l'aldée d'Olandé, que par suite de la formation du cadastre et d'une

et à ne payer que la redevance imposée, laquelle n'est probablement pas en rapport avec le produit obtenu. Quant aux cultivateurs surchargés d'impôt, par le fait d'une taxation disproportionnée au rendement effectif de leurs terres, le cadastre doit leur être trop profitable pour qu'ils ne veuillent pas s'y soumettre.

En parlant du cadastre, je ne puis me dispenser de citer les instructions formelles adressées, à ce sujet, par M. le Ministre de la marine et des colonies qui, parmi les faits graves qu'il a signalés à l'attention de l'autorité locale, comme susceptibles d'une investigation sérieuse, a cru devoir insister plus particulièrement sur celui auquel se rapporte le passage suivant, extrait de la dépêche ministérielle du 17 juin 1844, numérotée 99 :

« Il paraîtrait aussi, » a dit M. le Ministre, que l'inégalité la plus choquante subsiste dans la répartition des impôts ; que le Gouvernement ne retire aucun fruit des travaux qu'il a exécutés pour l'irrigation des terres ; si bien que les culti-

nouvelle répartition des redevances, les revenus du Gouvernement, à Pondichéry, seraient portés à plus du double.

« Sans adopter entièrement les calculs de M. Bayoud, à cet égard, M. l'administrateur général annonce que, d'après une vérification qu'il a fait faire, en dernier lieu, à Oulgaret, il pense qu'un mesurage exact de chaque propriété pourrait produire des résultats très-avantageux au Gouvernement, puisque ayant fait arpenter, dans cette seule aldée, les terrains concédés dont la contenance devait s'élever à 263 canis, il a été reconnu qu'elle était de 366 canis dont 103 proviennent d'empiètement, et seront imposés comme terrains à adamanam. »

On devine maintenant la cause des difficultés qui s'opposent à l'exécution du cadastre !

vateurs qui profitent aujourd'hui des eaux, sans avoir participé aux dépenses, ne payent aucun supplément de redevance ; que la distribution de ces eaux n'est même pas déterminée par un règlement ; qu'il est des terres, enfin, du district de Pondichéry, dont les travaux publics ont décuplé, et, au delà, la valeur et les revenus, sans que la redevance en ait été augmentée. »

Pour comprendre le fâcheux état de choses auquel M. le Ministre voulait qu'on remédiât, il suffit de se rappeler les dispositions de l'arrêté local du 26 décembre 1827, qui a autorisé le creusement du canal de Gingy, destiné à arroser les terres des aldées de Villenour, Odéampett, Conrouvapanaikpàléam, Arassour, Tavalapett, Courumbapett, Oulgaret, Sarompacam, Olandé et Comapacam.

L'article 4 de cet arrêté porte :

« Le mode de répartition des eaux et le prix auquel elles seront *cédées*, feront l'objet d'un règlement spécial. »

Or, cet article n'ayant jamais reçu l'exécution qu'il comporte, serait tombé en désuétude et devenu, par suite, l'une des causes les plus directes de l'inégalité choquante que la dépêche ministérielle précitée a signalée dans la répartition de l'impôt foncier. Tout le monde est d'accord tant sur la nécessité de remanier cet impôt que sur le choix du moyen, qui n'est autre que le cadastre parcellaire. Mais, lorsqu'il s'agit d'en venir à l'application de ce moyen, on hésite, on temporise, comme si le Gouvernement, en y recourant, allait tout subvertir, tout compromettre. Il n'en saurait être ainsi, je crois l'avoir démontré.

Toute réduction à apporter à l'impôt foncier exigeant un remaniement général de cet impôt et ce remaniement ne pouvant s'effectuer qu'à l'aide du cadastre parcellaire, jusqu'à ce qu'il soit procédé à l'exécution de cette mesure, le maintien du *statu quo* est, à mon avis, ce qui convient le mieux à la circonstance.

Cinquième Question.

Les encouragements à donner aux cultures nouvelles sont de deux sortes :

1° Concession de terre à des conditions les plus favorables possibles; exemption de redevance pour un temps plus ou moins long, etc.

2° Primes à la production, fabrication, exportation , etc.

Cette dernière sorte d'encouragement n'étant pas comprise au nombre des matières réglées par l'ordonnance du 7 juin 1828, je me dispense d'en parler.

Reste à examiner les conditions auxquelles il conviendrait de concéder des terres pour l'établissement de cultures nouvelles.

M'étant déjà expliqué, d'une manière générale, sur l'ensemble des dispositions consacrées par l'ordonnance du 7 juin 1828, relativement aux terres domaniales à concéder à la charge d'une rente foncière, je vais maintenant indiquer les modifications de détails à apporter à ces dispositions, tout en tenant compte des propositions faites dans le même sens, par M. Le Faucheur, et contenues au projet d'arrêté qu'il a formulé et annexé à la suite de son rapport.

SECTION 5.

Des terres domaniales à concéder à la charge d'une rente foncière.

Art. 33. Rédaction proposée :

« Les terres cultivées, incultes et incultivables, qui sont à la disposition du Domaine, peuvent être concédées, par le gouverneur en conseil, tant à des Européens qu'à des Indiens, sujets français ou étrangers, à la charge de payer une rente fixe et d'établir sur lesdites terres, dans un temps donné et dans une proportion déterminée, des cultures nouvelles ou de quelque autre nature que ce soit, ainsi qu'il est dit ci-après. »

Art. 54. Maintenu, en modifiant toutefois, comme suit, le paragraphe 2 :

« Les concessionnaires seront tenus, dans le délai de deux ans pour les terres cultivées, et de trois ans pour les terres cultivables en friches, d'établir sur le tiers de leur concession, des plantations de cannes à sucre, de caféyer, de mûrier, de cotonnier, de roucouyer, de cochenille, de palmiers, de cocotiers, d'arbres forestiers, d'arbres à épices, à graines oléagineuses, ou toute autre culture nouvelle, qui aura été spécialement autorisée par le Gouvernement. »

Art. 55. Maintenu, moins le 4e paragraphe qui sera reproduit ailleurs.

Art. 56, 57, 58, 59, 40, 41. Maintenus.

Art. 42. Maintenu, mais renvoyé à la fin de la section.

Art. 43, 44. Maintenus. L'article 42 ayant été reporté à la fin de la section, les articles 45e et 44e deviendront les 42e et 45e.

Art. 44 nouveau. C'est le même que l'article 45 du projet d'arrêté de M. Le Faucheur, sauf l'addition du paragraphe 4 de l'article 55, supprimé plus haut.

Rédaction proposée : « Les adamanams pourront être convertis en concessions et jouir des avantages attribués à ce dernier mode de possession, à la charge par leurs possesseurs de payer, au Trésor, deux ans et demi de la redevance cadastrale à laquelle ils seront imposés.

« Toutefois, ni les adamanams convertis en concessions, ni les terres cultivées rentrées au Domaine, par suite des articles 6, 55, 56 et 57, ne pourront prétendre au bénéfice résultant du paragraphe 5 de l'article 55.

« Les possesseurs d'adamanams, convertis en concessions, ne pourront se livrer aux cultures nouvelles qu'en se conformant aux dispositions de la présente section. »

Art. 45. Supprimé, comme n'étant plus susceptible de recevoir l'exécution qu'il comporte.

Art 45 nouveau. J'y ai textuellement reproduit ce que contient l'article 2 du projet d'arrêté de M. Le Faucheur, article que je propose d'adopter comme comblant une lacune qui a évidemment échappé à l'auteur de l'ordonnance du 7 juin 1828.

Rédaction proposée : « Les concessionnaires d'emplacements destinés à l'établissement de manufactures, de fabriques, devront, sous peine de retrait desdites concessions, commencer à y élever des constructions dans le délai d'un an et les avoir achevées à l'expiration de la deuxième année.

« Des délais limités leur seront accordés en sus, lorsqu'il sera matériellement prouvé que des circonstances, indépendantes de leur volonté et de leurs efforts, les auront empêchés de remplir les conditions exigées.

« Ces emplacements resteront dans la classe des concessions à rente foncière et seront assujettis à une redevance ; dans le cas où les établissements pour lesquels ils ont été accordés venant à être détruits, ils seront mis en culture. »

Art. 46 nouveau. La réunion dans une seule et même section de toutes les dispositions relatives aux concessionnaires me paraissant utile et même nécessaire, je propose de remplacer, par cet article, le soixante-unième de la section 1re du chapitre 2 du titre II, lequel demeurera supprimé.

Rédaction proposée : « Les Européens, comme les Indiens, sujets français ou étrangers, peuvent obtenir la ferme perpétuelle des redevances territoriales dans les aldées où ils se sont rendus concessionnaires des deux tiers au moins des terres domaniales cultivées et incultes.

« Ils peuvent aussi devenir fermiers temporaires des aldées dont leurs concessions dépendent, quelle que soit l'étendue de ces dernières, et même des aldées voisines ; mais, dans ce dernier cas, leur bail peut toujours être résilié, par le Gouvernement, en faveur des nouveaux concessionnaires qui viendraient s'y établir. »

Art. 47 nouveau. Même disposition que celle contenue à l'article 42, supprimé plus haut.

Rédaction proposée : « Les dispositions de la section 2 du chapitre 1er du présent titre sont applicables en tous points aux concessions faites pour l'établissement de cultures nouvelles, ainsi qu'aux adamanams convertis en concessions. »

Le projet d'arrêté formulé par M. Le Faucheur, renferme quelques autres propositions au sujet desquelles je vais m'expliquer.

L'art. 1ᵉʳ tend à introduire une légère modification dans les dispositions consacrées par l'ordonnance, relativement aux *manés* et *mané-mapous* possédés à titre de concession sans redevance. La commission actuelle ayant admis cette modification (1), je n'insisterai pas davantage sur ce point, ni sur le contenu de l'article 2 dont j'ai proposé de substituer les dispositions à celles de l'article 45 (ancien) de l'ordonnance.

Quant aux articles 5, 4, 5 et 10 qui s'occupent de la vente, avec publicité et concurrence, des terres cultivées, incultes et incultivables appartenant au Domaine, je ne puis que me référer aux principes que j'ai posés concernant l'aliénation du Domaine colonial, sur laquelle, à mon avis, il ne saurait être pleinement statuer que par une loi.

Les articles 6 et 7 ne sont que la reproduction, non pas textuelle, mais en principe, des 58ᵉ et 42ᵉ de l'ordonnance. Il convient donc de les conserver, en s'en tenant toutefois à la rédaction primitive.

Le maintien de la section 5 du chapitre 5 rend inutile la déclaration consignée à l'article 8 qu'il faut rejeter.

L'article 9 qui ne fait, d'ailleurs, que quelques changements peu importants à l'article 54 de l'or-

(1) Voir l'annexe n° 4.

donnance, ajoute aux cultures nouvelles, énumérées dans le paragraphe 2 de ce dernier article, celles du palmier, du cocotier, d'arbres forestiers, à graines oléagineuses, addition qui m'a paru devoir être adoptée et dont j'ai, par conséquent, tenu compte.

L'article 11 est relatif à la réduction de 10 p. 0/0 dite *mina*, dont jouissent les musulmans et les brames des districts de Villenour et Bahour. La Commission actuelle a cru devoir formuler d'autres propositions à ce sujet (1). A supprimer donc comme inutile.

Article 12 à supprimer également, le système de dégrèvement adopté par la commission (2) n'étant pas le même que celui indiqué par M. Le Faucheur.

Article 13 devenu le 44ᵉ (nouveau) de l'ordonnance.

Articles 14 et 15, à maintenir, les dispositions étant les mêmes que celles de l'article 61ᵉ de l'ordonnance.

Article 16 à supprimer.

Je ne terminerai pas ce mémoire sans insister de nouveau sur toutes les questions que j'ai examinées et dont la solution intéresse au plus haut degré la population agricole de Pondichéry et de ses districts. Il ne s'agit de rien moins que des conditions de la possession territoriale, que des restrictions apportées à l'exercice plus ou moins libre du droit de propriété, à l'appropriation plus ou moins absolue du sol. Toucher à ce qui existe sans

(1) Voir l'annexe n° 5.
(2) Voir l'annexe n° 6·

y avoir mûrement réfléchi, ce serait, je pense, courir des risques, se créer des embarras que, dans son propre intérêt, comme dans celui de ses administrés, le Gouvernement local doit s'attacher à éviter.

No 1.

EXTRAIT

DE L'ORDONNANCE DU 7 JUIN 1828, SUR LE MODE DE POSSES-
SION DES TERRES ET LA PERCEPTION DES REDEVANCES
TERRITORIALES, A PONDICHÉRY.

TITRE PREMIER.

Des différents modes de possession des terres à Pondichéry.

CHAPITRE III.

Des terres domaniales.

SECTION III.

Des terres domaniales à concéder à la charge d'une rente foncière.

Art. 33. Les terres cultivées, incultes et incultivables,
qui sont à la disposition du Domaine, peuvent être concédées par l'Administrateur général en conseil, à des
Européens ou descendants d'Européens, sujets français,
à la charge de payer une rente fixe et d'établir sur lesdites terres, dans un temps donné et dans une proportion
déterminée, des cultures spéciales, ainsi qu'il est dit
ci-après.

Art. 34. Il n'est fixé aucune limite à l'étendue des concessions individuelles.

Les concessionnaires seront tenus, dans le délai de deux ans pour les terres cultivées, et de trois ans pour les terres cultivables en friches, d'établir sur le tiers de leur concession, des plantations de cannes à sucre, de caféyer, de mûrier, de cotonnier, de roucouyer, de cochenille, d'arbres à épices, ou toute autre culture nouvelle, qui aura été spécialement autorisée par l'Administration locale.

Faute de remplir les conditions voulues par le paragraphe précédent, les concessions seront réduites à une superficie triple de celle dans laquelle lesdites cultures auront été introduites, et les concessionnaires seront punis, en outre, d'une amende de trois pagodes, soit vingt-cinq francs vingt centimes, par chaque hectare manquant au tiers qui devait être mis en cultures spéciales.

Les réductions porteront toujours de préférence sur les terres incultes et les moins imposées.

Des délais limités et la remise des amendes seront accordés aux concessionnaires, lorsqu'il sera matériellement prouvé que des circonstances indépendantes de leur volonté et de leurs efforts, telles que des épidémies, des sécheresses, des inondations, des coalitions de cultivateurs, ou tous autres cas fortuits et imprévus, les auront empêchés de remplir les conditions exigées.

Art. 55. Les redevances des terres concédées sont établies d'après les bases fixées par les articles 16, 17 et 18, sous la déduction de dix pour cent pour les terres cultivées, de quinze pour cent pour les terres en friches précédemment en culture, et de vingt pour cent pour celles restées incultes de temps immémorial.

Toutefois, jusqu'à l'époque où le cadastre prescrit par l'art 53 aura été fait, les rentes foncières des concessions seront établies provisoirement, d'après les redevances actuelles pour les terrains taxés, et pour ceux qui ne l'ont point encore été, d'après les redevances imposées sur les terres de même nature et de même qualité.

Les rentes foncières auxquelles les concessions de terres incultes ou rentrées au Domaine par abandon, seront assujetties lors du cadastre, ne pourront, dans aucun cas, être supérieures à celles établies provisoirement ; et si elles étaient inférieures, il sera tenu compte aux concessionnaires des sommes qu'ils auraient payées en trop à dater du jour de la concession.

Les dispositions contenues au paragraphe précédent ne sont point applicables aux adamanams convertis en concessions, ni aux terres cultivées rentrées au Domaine par suite des art. 6, 55, 56 et 57.

Art. 36. Les concessionnaires doivent acquitter la redevance intégrale des terres cultivées dès la première année.

A l'égard des terres cultivables en friches, ils sont exempts de toute redevance pendant trois ans, et ils en payent un tiers pour la quatrième année, deux tiers pour la cinquième et l'intégralité pour la sixième.

Art. 57. Les concessionnaires jouissent sans restriction et sans réserve de la propriété de tout ou partie des terres qui leur ont été concédées, dès l'instant où l'accomplissement de la condition établie par l'art 54 a été constaté, où ils payent l'intégralité de la redevance pour les terres sur lesquelles ils réclament le droit de propriété.

Avant cette époque, ils ne peuvent aliéner leurs terres, en tout ou en partie, qu'à la charge par les acquéreurs de se soumettre, en tous points, à leurs obligations, et s'ils abandonnent intégralement ou partiellement leur concession, ils sont punis d'une amende égale à un an de redevance des terrains abandonnés, à moins qu'ils ne prouvent avoir fait, pour les mettre en valeur, des efforts qui auraient été inutiles.

Art. 58. Les concessions de terres incultivables ne sont assujetties à aucune restriction ni redevance.

Art. 59. Les concessionnaires sont tenus, en ce qui concerne les irrigations et les travaux d'utilité publique, aux mêmes obligations que les autres cultivateurs.

Ils n'exercent aucuns droits sur les habitants de l'aldée dont leurs terres dépendent ; leurs rapports particuliers avec leurs coulis à gage seront déterminés par un règlement spécial.

Art. 40. Dans le cas où des terrains ou portions de

terrains adamanams sont reconnus indispensables pour des chemins, des canaux ou pour tous autres travaux d'une utilité majeure pour les concessionnaires, et lorsque des champs de même nature et d'une contenance inférieure à un hectare forment des îlots au milieu d'une masse de terres concédées et nuisent à leur exploitation, l'Administrateur général en conseil, peut ordonner, sur le rapport de l'Ingénieur chargé du service des ponts et chaussées et après avoir entendu les parties, la dépossession du cultivateur, à la charge d'une indemnité préalable et égale, à dire d'experts, à une fois et demie la valeur des champs dont il doit être dépossédé.

Art. 41. Si les travaux proposés par le concessionnaire sont d'une utilité générale dans une aldée, l'Administrateur général peut soit en ordonner l'éxécution et fixer en conseil la cote contributive de chaque aldéen, en raison du bénéfice qu'il doit en retirer, soit autoriser le concessionnaire à les exécuter à ses frais et lui assurer la faculté d'en disposer par des arrangements amiables et volontaires en faveur des habitants qui voudront en profiter.

Art. 42. Les dispositions de la section 2 du chapitre 1er du présent titre, sont applicables, en tous points, aux concessions faites pour l'établissement de cultures spéciales.

Art. 43. Les concessionnaires doivent, avant d'entrer en jouissance, fournir un cautionnement égal à la redevance intégrale d'une année, et qui est déchargé intégralement ou partiellement dès l'instant où ils sont devenus propriétaires conformément à l'article 57.

Art. 44. Les cautionnements sont reçus en immeubles situés à Pondichéry ou à l'île Bourbon, et d'une valeur estimative supérieure de moitié à la somme garantie : toutefois, les cautions immobilières peuvent être remplacées, soit intégralement, soit partiellement, par deux cautions personnelles et solidaires.

Les personnes présentées pour cautions doivent être domiciliées à Pondichéry et notoirement solvables; elles sont, ainsi que les cautions immobilières, discutées en conseil et peuvent toujours être refusées sans que l'Administration soit tenue de déduire les motifs de son refus.

Les cautions personnelles ou immobilières sont déchargées de droit aussitôt que les bâtiments ou usines établis sur la concession sont d'une valeur suffisante pour leur être substitués.

Art. 45. Les concessions accordées en exécution de la présente section n'auront d'effet qu'à l'expiration des baux en vigueur, à moins que les fermiers ne consentent à l'amiable à se départir de leurs droits.

Toutefois, les concessionnaires pourront toujours commencer les travaux d'irrigation ou tous autres qu'ils se proposent d'exécuter, après qu'ils y auront été dûment autorisés et que les indemnités à accorder aux fermiers ou aux cultivateurs, auront été réglées dans la forme établie par les articles 40 et 41 et payées aux ayants-droit.

Nº 2.

EXTRAIT

DU PROCÈS-VERBAL DE LA SÉANCE DU 1er AOUT 1845.

Dispositions modificatives de l'article **22** *de l'ordonnance du 7 juin* **1828**, *adoptées à l'unanimité par la Commission d'agriculture, à ladite séance.*

« Art. 22. Faute par les adamanaires de fournir caution dans le cas prévu par l'article précédent ou d'acquitter les redevances échues, dans les quinze jours qui suivent les époques fixées, il peut être procédé contre eux par voie de saisie brandon, de saisie mobilière et même de contrainte par corps, et si, à l'expiration de l'année de culture, ils n'ont point payé l'intégralité de leur redevance, ils sont évincés de leurs terres et le droit à la jouissance de ces terres, est vendu avec publicité et concurrence par les soins de l'administration du Domaine, et le prix, défalcation faite des arriérés, est remis à l'adamanaire évincé, s'il n'y a ni opposition ni créancier inscrit.

« L'éviction dont il vient d'être parlé ne pourra avoir lieu que cinq jours après l'avertissement qui sera donné au réliquataire, ainsi qu'aux créanciers hypothécaires inscrits, lorsqu'ils se seront fait connaître au Domaine, avant l'expiration de l'année de culture.

« Ils peuvent également être évincés au commencement de l'année de culture, s'ils ne mettent point leurs terres en valeur ou si les ayant laissées incultes, ils ne fournissent point un cautionnement pour le payement de la redevance.

« Dans ce cas, les terres rentrent purement et simplement au Domaine, sans que les adamanaires puissent prétendre à aucune indemnité.

« S'il y a des créanciers hypothécaires inscrits et qui se seront fait connaître au Domaine, cette éviction n'aura lieu que cinq jours après l'avertissement qui leur en sera donné par les soins du Domaine. »

N° 3.

LETTRE

DU BÉCHECAR DE VILLENOUR AU RECEVEUR DU DOMAINE.

« Villenour, le 51 mai 1838.

« Monsieur le Receveur du Domaine,

« J'ai vérifié avec attention, aidé de mon expérience personnelle, le tarif des frais que la culture en nelly chamba (1) d'un cani de terre pourrait coûter. Voici celui qui me paraît le plus exact sous le rapport de la nécessité et de l'économie :

	Pag.	fan.	c.
« 24 Charrues, pour 8 labours, à demi fanon (2), par charrue......................	»	19	23
« 24 Journées de laboureur, même prix...	»	19	23
« Engrais	»	14	56
« 1 Pioche et 2 coulis pour réparer les abornements des champs (3)...................	»	5	50
« Semailles (un gallon) (4)..............	»	11	20
« 1 Couli pour le curage des canaux d'irrigation...........................	»	1	16
« 2 Sarclages, pour le premier, 12 coulis et			
« A reporter......	1	26	8

(1) Il ne faut pas oublier que cette qualité de nelly est la plus difficile à cultiver, et qu'elle exige plus de frais comparativement au nelly carre dont la culture est plus répandue et par cela même moins dispendieuse (*Note de l'auteur*).

(2) La pagode étoile vaut 8 fr. 40 c. Elle se divise en 45 petits fanons Madras de 80 caches chacun (*Note de l'auteur*).

(3) « Une pioche suffirait pour 2 canis, je n'ai donc mis ici que la moitié de son prix. »

(4) « Si, laissant des semis, on les transplante, il faudrait alors deux gallons pour semailles. »

pag. fan.   c.

« Report.... 1 26   8

pour le second, six, à 3/4 de fanon par couli, 18 coulis (1).............................. » 21 56

  « Pour couper, transporter sur l'aire, battre les récoltes et pour séparer les grains d'avec la paille (16 coulis au même prix) (2)....... » 19 23

  « Rétribution des serviteurs et autres droits en nature (voir le détail donné plus bas) (3). » 9   »

2 51 07

  « Ainsi, 2 pagodes 51 fanons 7 caches, sur le produit du champ évalué à 35 gallons, donne 35 p. 0/0 de frais de culture.

« Détail des dépenses en nature pour rétribution des serviteurs et autres droits.

« Au toty, grandes mesures................... 3
« Au taléary   id....................... 2
« Au saraf   id....................... 2
« A l'écrivain   id....................... 6
« Au comboucara   id....................... 4
« Au charpentier   id....................... 4
« Au forgeron   id....................... 4
« Au blanchisseur   id....................... 4
« Au barbier   id....................... 4
« Au prohita   id....................... 2
« Aux pagotins, à 2 mesures pour chacun, et aux ouvriers subalternes 13

  « Grandes mesures (soit un gallon) 48

« Je suis avec respect, etc.

« Signé A. Sanjivy. »

(1) « Bon si la culture ne souffrait pas à défaut d'eau, car autrement l'herbe couvrirait le champ, et les frais de sarclage seraient deux fois et même trois fois plus forts que ceux portés ici.»

(2) « Si la distance du champ était un peu éloignée, les frais s'augmenteraient selon la distance. »

(3) « Cette rétribution est due jusqu'à l'achèvement du cadastre. »

No 4.

EXTRAIT

DU PROCÈS-VERBAL DE LA SÉANCE DU 10 JUIN 1844.

Délibération relative aux mané et mané-mapou.

« M. le Président propose d'ajouter à l'article 5 un paragraphe ainsi conçu :

« A l'avenir, les mané et mané-mapou, qui seront concédés, ne pourront l'être que sous les conditions suivantes :

« 1° D'y établir des constructions et les clore d'un mur ou d'une haie, à peine d'éviction.

« 2° De rentrer au Domaine, en cas d'abandon pendant dix années consécutives.

« L'amendement de M. le Président est mis aux voix et adopté.

No 5.

EXTRAIT

DU PROCÈS VERBAL DE LA SÉANCE DU 6 JUIN 1850.

Dispositions arrêtées par la Commission d'agriculture relativement à la réduction de 10 p. 0/0, dite Mina.

« Les musulmans et les brahmes continueront à jouir, dans les districts de Villenour et Bahour, d'une réduction de 10 p. 0/0, dite *Mina*, sur la redevance de leurs adamanams.

« Cette réduction sera bornée aux brahmes et aux musulmans qui en jouissent maintenant, et à leurs héritiers, ainsi qu'à ceux auxquels le Gouvernement croira devoir accorder cette faveur.

« Toutefois, ni les uns ni les autres ne pourront y prétendre, si leurs terres ne sont pas cultivées par eux ou par des cultivateurs à leurs gages. »

No 6.

EXTRAIT

DU MÊME PROCÈS-VERBAL.

*Propositions formulées par la Commission d'agriculture, en
ce qui concerne les dégrèvements.*

« Les adamanaires ne peuvent prétendre à des dégrèvements proportionnels qu'autant que le produit de
chacune des parcelles qu'ils cultivent, a été inférieur à
la moitié de celui qui a servi de base à la taxe de cette
parcelle, étant cultivée en riz ou en menus-grains.

« Ils auront droit à la remise intégrale de la redevance,
lorsque, par des circonstances de force majeure, ils n'auront pu mettre les parcelles en culture.

« Les pertes et les cas de force majeure doivent être
constatés sur les lieux et au moment même par le Béchecar et l'Aminha ou le chef écrivain du district, assistés
du régisseur, de l'écrivain, du toty, du taléary de l'aldée,
et de deux experts dont un choisi parmi les notables des
aldées voisines. »

Cette rédaction a été adoptée à l'unanimité.

Nº 7.

PROJET D'ARRÊTÉ

FORMULÉ PAR M. LE FAUCHEUR.

Art. 1ᵉʳ. Les manés et manémapous possédés à titre de concession sans redevance, conformément aux articles 5 et 52 de l'ordonnance locale du 7 juin 1828, rentreront purement et simplement au Domaine, s'ils ne sont pas clos dans le délai d'un an, hors le cas où étant mis en culture autre que l'horticulture, ils seront, conformément aux dispositions de l'article 5 de la même ordonnance, assujettis à une redevance et rentreront dans la classe des adamanams.

Ce délai commencera à courir de la date de la concession, pour les manés et manémapous qui seront accordés à l'avenir et du jour de la publication du présent arrêté, pour les concessions antérieures.

Art. 2. Les concessionnaires d'emplacements destinés à l'établissement de manufactures, de fabriques, devront, sous peine de retrait desdites concessions, commencer à y élever des constructions, dans le délai d'un an, et les avoir achevées à l'expiration de la deuxième année.

Des délais limités leur seront accordés en sus, lorsqu'il sera matériellement prouvé que des circonstances indépendantes de leur volonté et de leurs efforts les auront empêchés de remplir les conditions exigées.

Ces emplacements rentreront dans la classe des concessions à rente foncière et seront assujettis à une redevance, dans le cas où les établissements pour lesquels ils ont été accordés, venant à être détruits, ils seront mis en culture.

Art. 3. Les terres cultivées, incultes et incultivables, appartenant au Domaine et qui ne sont pas nécessaires aux besoins du service et toutes celles qui rentreront à sa disposition, par suite d'abandon ou d'éviction de leurs possesseurs, seront, s'il n'y a lieu de les concéder gratuitement aux termes de l'article 32 de l'ordonnance locale du 7 juin 1828, vendues avec publicité et concurrence, conformément aux dispositions du § 2 de l'article 18 de l'ordonnance royale du 25 juillet 1840, à titre de concessions avec ou sans redevance.

Les adjudications pour les terres cultivées et incultes auront lieu, sur une mise à prix égale à deux années et demie de la redevance intégrale à laquelle elles seront assujetties et ne pourront dans aucun cas être tranchées à un taux inférieur.

Art. 4. Les redevances des terres vendues conformément à l'article précédent seront établies d'après les bases fixées par les articles 16, 17 et 18 de l'ordonnance locale du 7 juin 1828, sous la déduction de 10 p. 0/0, pour les terres cultivées, de 15 p. 0/0 pour les terres en friches précédemment en culture et de 20 p. 0/0 pour celles restées incultes de temps immémorial.

Toutefois, jusqu'à l'époque où le cadastre prescrit par l'article 53 de ladite ordonnance aura été fait, lequel ne peut, dans tous les cas, avoir d'effet rétroactif, les rentes foncières des concessions seront établies provisoirement sous les mêmes déductions, d'après les redevances actuelles, pour les terrains taxés et pour ceux qui ne l'ont point encore été, d'après les redevances imposées, sur les terres de même nature et de même qualité.

Art. 5. Les adjudicataires doivent acquitter la redevance intégrale des terres cultivées dès la première année.

A l'égard des terres cultivables en friches, ils sont exempts de toute redevance pendant trois ans et ils en payent un tiers pour la quatrième année, deux tiers pour la cinquième et l'intégralité pour la sixème.

Art. 6. Les ventes des terres incultivables ne sont assujetties à aucune restriction et lesdites terres, à aucune redevance.

Art. 7. Les acquéreurs des terres domaniales jouissent

sans restriction et sans réserve de la propriété de ces terres, dès l'instant où ils en ont payé le prix.

Les dispositions de la section 2 du chapitre 1er titre Ier de l'ordonnance locale du 7 juin 1828, leur sont applicables en tous points.

Art. 8. Il n'est porté aucune atteinte, par le présent arrêté, aux droits et avantages garantis par la section 5 du même chapitre, aux concessions faites sous l'empire de ladite ordonnance, pour l'établissement de cultures spéciales.

Art. 9. Les concessionnaires qui, à dater de la publication du présent arrêté, établiront ou prendront l'engagement d'établir, sur leurs terres, des plantations de canne à sucre, de cafeyers, de cotonniers, de roucouyers, de cochenille, de palmiers, de cocotiers, d'arbres forestiers, d'arbres à épices, à graines oléagineuses ou toute autre culture nouvelle qui aura été spécialement autorisée par le Gouvernement, pourront obtenir, sans préjudice des exemptions auxquelles ils ont droit, conformément à l'article 5 du présent arrêté, la remise, pendant trois ans, des redevances des terres consacrées auxdites cultures.

Cette faveur ne leur sera acquise qu'autant que les conditions exigées seront remplies dans le délai de deux ans, faute de quoi le payement des redevances arriérées sera immédiatement poursuivi.

Des délais limités leur seront accordés en sus, lorsqu'il sera matériellement prouvé que des circonstances indépendantes de leur volonté et de leurs efforts, telles que des épidémies, des sécheresses, des inondations, des coalitions de cultivateurs ou tous autres cas fortuits et imprévus, les auront empêchés de satisfaire à ces conditions.

Art. 10. Les terres domaniales qui n'auront pu être vendues, à titre de concessions à rente, seront données à adamanam, au taux de la redevance, et s'il n'est pas possible de l'obtenir, ces terres seront affermées à court terme, à un taux inférieur, à la charge par les fermiers de se soumettre aux articles **20**, **21** et **22** de l'ordonnance locale du 7 juin 1828 et du présent arrêté.

Les cultivateurs qui mettraient en culture des terres domaniales, sans y avoir été autorisés par un bail régulier, payeront la redevance intégrale pour l'année.

Art. 11. Les musulmans et les brahmes des districts de Villenour et Bahour cesseront de jouir de la réduction de 10 p. 0/0, dite *Mina*, sur la redevance de leurs adamanoms, maintenue en leur faveur par l'article 19 de l'ordonnance précitée, dès que le rôle cadastral, dont la formation a été prescrite par l'article 55 de ladite ordonnance et l'instruction réglementaire du 6 février 1829, sera rendu exécutoire.

Art. 12. Les adamanaires ne peuvent prétendre à des délais et à des dégrèvements qu'autant que, s'étant mis en mesure de cultiver leurs terres, ils se trouvent dans l'impossibilité de le faire, par des causes indépendantes de leur volonté et de leurs efforts, telles qu'une sécheresse prolongée qui tarirait les sources destinées à l'arrosement de ces terres et l'absence totale des pluies pour celles arrosées seulement par les eaux pluviales, ou que, les ayant cultivées, la valeur de la récolte de tous leurs champs, défalcation faite des redevances dues au Domaine, serait inférieure à la moitié du produit moyen que ces terres peuvent donner, étant cultivées en riz ou en menus grains.

Dans ce dernier cas, les dégrèvements seront proportionnés aux pertes éprouvées.

Les cas de force majeure ci-dessus énumérés et les pertes doivent être constatés sur les lieux et au moment même par le thasildar ou béchecar du district, assisté du régisseur ou fermier, des écrivains, toty et taléary de l'aldée et de quatre experts dont deux, au moins, choisis parmi les notables des villages voisins.

Art. 13. Les adamanams pourront être convertis en concessions et jouir des avantages attribués à ce dernier mode de possession, par les articles 4 et 7 du présent arrêté, à la charge par leurs possesseurs de payer au Trésor, pour la valeur du fonds dont le Domaine s'était réservé la propriété, deux ans et demi de la redevance cadastrale à laquelle ils seront imposés.

Art. 14. Les concessionnaires, quelle que soit la classe à laquelle ils appartiennent, peuvent, dans les cas prévus par l'article 64 de l'ordonnance du 7 juin 1828, obtenir la ferme perpétuelle ou temporaire des redevances territoriales des aldées dont leurs concessions dépendent et des aldées voisines.

Art. 15. Les fermiers se conformeront, pour les délais et les dégrèvements à accorder aux adamanaires, aux dispositions de l'article 12 du présent arrêté.

Art. 16. Sont rapportés les arrêtés locaux des 5 février et 26 août 1830, 4 février 1833 et les articles 19, 23, 25, 33, 34, 35, 36, 37, 58, 45, 46, 84 et 85 de l'ordonnance du 7 juin 1828, dont les autres dispositions recevront leur pleine et entière exécution, et notamment celles des articles 16, 17, 21, 22, 24, 52, 53, 54, 56, 58, 60, 92 et 93, restées sans application ou dont l'approbation a été suspendue.